Auf den Spuren deutscher Dichter

Ernst Müller

Auf den Spuren deutscher Dichter

Ein literarischer Reisebegleiter

Die Deutsche Nationalbibliothek verzeichnet diese Publikation
in der Deutschen Nationalbibliografie;
detaillierte bibliografische Daten sind im Internet über
http://dnb.d-nb.de abrufbar.

Der Lambert Schneider Verlag ist ein Imprint der WBG
(Wissenschaftliche Buchgesellschaft), Darmstadt.
© 2012 by Lambert Schneider Verlag, Darmstadt
Die Herausgabe des Werkes wurde durch
die Vereinsmitglieder der WBG gefördert.
Redaktion: David Heredia, Berlin
Umschlagabbildung: Burg Hülshoff. © ullstein bild.
Umschlaggestaltung: Neil McBeath, Stuttgart
Satz: Janß GmbH, Pfungstadt
Gedruckt auf säurefreiem und alterungsbeständigem Papier
Printed in Germany

Besuchen Sie uns im Internet: www.lambertschneider.de

ISBN 978-3-650-24939-5

Elektronisch sind folgende Ausgaben erhältlich:
eBook (PDF): 978-3-650-72736-7
eBook (epub): 978-3-650-72737-4

Inhalt

Hermann Hesse

Wilhelm Hauff

Einleitung

„Wer den Dichter will verstehen / Muss in Dichters Lande gehen", empfahl Johann Wolfgang Goethe dem Literaturfreund in einem Begleittext zu seinem großen Gedichtband „West-östlicher Divan". In diesem Sinne führt der vorliegende literarische Reisebegleiter zu Orten, an denen verschiedene deutsche Schriftsteller geboren wurden, gelebt oder geschrieben haben. Dabei soll nach den Spuren der Dichter an jenen Orten gesucht werden genauso wie nach den Spuren, welche die Dörfer, Städte und Landschaften in Leben und Werk der Dichter hinterlassen haben. Thomas Manns Festansprache „Lübeck als geistige Lebensform" zufolge war die Prägung durch seine Heimatstadt weit tiefer, als man es vielleicht beim weltberühmten Schriftsteller und Nobelpreisträger vermuten würde: Der Sinn für Bürgerlichkeit, das Gespür für Maß und Mitte, der Tonfall seiner dichterischen Sprache, all dies entstamme, so Mann, dem Geist der Hansestadt und schlage sich in seinen Romanen und Erzählungen nieder. Dabei war die Beziehung von Thomas Mann zu Lübeck keineswegs einfach und harmonisch, wie schon allein die Tatsache zeigt, dass er sich erst nach dem Umzug in das südliche München schriftstellerisch entfaltete. Ähnliches trifft auf die Münsteranerin Annette von Droste-Hülshoff zu. Gerade die Gedichte, die sie am fernen Bodensee niederschrieb, zeigen den tiefen Eindruck, den ihre westfälische Heimat in ihrem Leben und Werk hinterlassen hat. Vielschichtig und widersprüchlich ist also das Verhältnis zwischen den Schriftstellern und ihren Geburts- und Wohnorten, die ja auch manchmal Stätten des freiwilligen oder erzwungenen Exils sind.

Wie bei allen biografischen Spuren kann es nicht darum gehen, den Werken fein säuberlich ein Erlebnis des Dichters zuzuordnen und es damit „erklären" zu wollen. Es ist auch offensichtlich, dass manche Schriftsteller weit weniger von Orten und Landschaften als von geistigen Bezugspunkten geprägt waren. So war wohl Gotthold Ephraim Lessing in den philosophisch-literarischen Debatten seiner Zeit weit mehr zuhause als in Wolfenbüttel. Dennoch bietet ein Besuch im beschaulichen Wolfenbüttel und in der einstigen Hofbibliothek, die er viele Jahre betreute, aufschlussreiche Perspektiven auf sein Leben und Werk. Denn nie ist der Schriftsteller völlig vom Raum, nie ist die Kunst völlig vom Leben zu trennen. Rundgänge durch die Häuser der Schriftsteller lenken die Aufmerksamkeit auf Stadtbilder, Landschaften und Mentalitäten, auf politische und soziale Umstände, auf Freunde, Geldgeber und Leser; sie öffnen damit gerade den Blick auf die Vielfalt, mit der diese Umstände und Erfahrungen literarisch verarbeitet werden.

Museen und Gedenkstätten der Literatur finden sich heute in den Geburtsorten der Dichter, an Schauplätzen ihres Wirkens oder auch an Stätten mit einer besonderen Nachwirkung. Diese Orte laden zur Begegnung mit den Dichtern und ihren Werken ein. Zumeist in sehr plastischer Weise und gleichermaßen Gefühl und Verstand ansprechend, erinnern sie an die Menschen und ihr soziales und räumliches Umfeld. Sie führen den Besucher in andere Zeiten ein, zeigen Wirkung und Fortgang der Ideen und rufen zur eigenen Beschäftigung mit den Fragen auf, die auch die Dichter umgetrieben haben. Solche Orte liegen weit verstreut überall in Deutschland. Doch springen drei Regionen ins Auge, in denen viele Literaturmuseen nah beieinanderliegen und die sich deshalb für eine abwechslungsreiche Kulturreise anbieten. Dabei lassen sich nicht nur interessante Querverbindungen zwischen den einzelnen Gedenkorten ziehen, sondern es lässt sich auch die Landschaft erkunden, in die sie eingebettet sind.

Mehrere bedeutende Literaturzentren liegen im hohen Norden in überschaubarer Nähe zueinander. In Husum an der Nordsee befindet sich das Stormhaus, das an den großen Realisten, den Erzähler und Lyriker Theodor Storm erinnert. Im benachbarten Wesselburen befasst sich ein Museum mit Friedrich Hebbel, dem großen Nachdichter des Nibelungenstoffs. Den Dichterbrüdern Thomas und Heinrich Mann hat die Vaterstadt Lübeck ein Haus gewidmet. Dort hat auch Günter Grass, nur wenige Straßen weiter, eine lebendige Begegnungsstätte für Dichtung und bildende Kunst eingerichtet.

Ein weiterer regionaler Schwerpunkt befindet sich im Harz. Das Halberstädter Wohnhaus Johann Wilhelm Ludwig Gleims, des großen Förderers junger Literaten im 18. Jahrhundert, ist heute ein Museum. Zu Gleims Netzwerk zählte einer der berühmtesten Dichter der Zeit, Friedrich Klopstock, der in der Nachbarstadt Quedlinburg geboren wurde, wo ihm ebenfalls ein Literaturhaus gewidmet ist. Nur wenige Kilometer weiter, in einem kleinen Ort im Harz, steht das Geburtshaus von Gottfried August Bürger, dem Schöpfer der deutschen Kunstballade und der Münchhausen-Volksbücher. Auf einem Landgut im nah gelegenen Oberwiederstedt erinnert die Novalis-Gesellschaft mit lohnenden Ausstellungen an den berühmten Frühromantiker. Auch Wolfenbüttel, die Stadt mit der umfangreichsten Bibliothek zu Mittelalter und früher Neuzeit und Lessings letzter Wohnort, liegt in der Nähe.

In Schwaben kann der Reisende geradezu einer „Dichter-straße" am Neckar folgen. In Schillers Geburtsstadt, Mar-bach am Neckar, befindet sich heute neben dem großen Schiller-Nationalmuseum eine international bedeutende For-schungs- und Sammelstätte für die neuere deutsche Literatur. Von Lauffen, dem Geburtsort Friedrich Hölderlins, kann man mit dem Kahn flussaufwärts in die alte Universitätsstadt Tübingen gelangen, wo gleich am Ufer aus einer Häuserreihe der gelbe Turm hervorragt, den später der kranke Hölderlin jahrzehntelang bis zu seinem Tod bewohnte. Heute sind dort ein Museum und eine Bibliothek eingerichtet. Ebenfalls un-weit des Neckars liegt das barocke Ludwigsburg, aus dem Eduard Mörike stammt. Dem feinsinnigen Lyriker und Theo-logen ist in der etwas nördlich gelegenen Ortschaft Clever-sulzbach, wo er als Pfarrer wirkte, ein hübsches Museum gewidmet. Mörike war mit Justinus Kerner bekannt, dem Dichter aus dem nahen Weinsberg, der dort die berühmte Burg Weibertreu vor dem Verfall rettete. Christoph Martin Wieland, der später im thüringischen Weimar mit Goethe, Herder und Schiller zum „Viergestirn" der deutschen Klassik gehörte, wuchs im oberschwäbischen Biberach an der Riss auf. Auch hier lädt ein Museum für den berühmten Sohn der Stadt zu einem Besuch ein. Das Ensemble schwäbischer Lite-raturhäuser wurde erst vor Kurzem durch das alte Forsthaus im kleinen Wilflingen ergänzt, in dem Ernst Jünger rund 50 Jahre seines langen Lebens verbrachte. Wer die Literatur-museen in Schwaben mit dem Fahrrad erkunden möchte, der kann den Schildern mit dem Emblem einer blauen Feder fol-gen. Verschiedene sorgfältig ausgearbeitete Routen führen den Radfahrer durch abwechslungsreiche Landschaften mit zahlreichen literarischen Erinnerungsstätten. Der Reiz, mit dem Rad, dem Auto oder auch öffentlichen Verkehrsmitteln gleich mehrere Literaturmuseen einer Region anzusteuern, liegt nicht zuletzt darin, dass sich dabei das geografische und geistige Umfeld eines Dichters näher erschließt. Landschaftliche, architektonische, kunsthandwerkliche und vielleicht auch kulinarische Eigenarten einer Region können Verbindungen zwischen der Umgebung und dem dichterischen Werk offenbaren. Und die Beziehungen zu anderen Schriftstellern und Denkern, die in der Nähe wirkten, lassen sich auf diese Weise ebenfalls nachvollziehen.

So umfangreich die Anzahl der Literaturmuseen in Deutschland ist, so vielfältig ist auch die Art ihrer Gestaltung. Viele Museen sind in den ehemaligen Wohnhäusern der Schriftsteller eingerichtet. Manche können dabei noch ein Bild des einstigen Zustands vermitteln. Der Anblick der alten Familienmöbel im Theodor-Storm-Haus in Husum vergegenwärtigt die Vergangenheit so eindringlich, als habe der Hausherr gerade das Zimmer verlassen. Andere Erinnerungsstätten warten nur mit wenigen originalen Zeugnissen auf, beeindrucken aber mit ihrer chronologischen oder systematischen Darstellung von Leben und Werk. Immer öfter halten multimediale Präsentationstechniken Einzug in die Literaturmuseen, vielfach verbunden mit pädagogischen Konzepten für junge Besucher. Schillers Geburtshaus kann dafür als Beispiel dienen. Dabei ist es nicht immer einfach, die Balance zu halten zwischen einer zeitgemäßen Form, die den Besucher anspricht, und der Bewahrung der Atmosphäre eines alten, traditionsreichen Gebäudes. In gelungener Weise gewährt das Hermann-Hesse-Museum in Calw mit verschiedenen Themenarrangements und dichten Erklärungstexten tiefe Einblicke in die Lebensfragen des Nobelpreisträgers.

Besonders reizvoll sind die Präsentationen, für die das Literaturmuseum in Marbach bekannt ist: Schriften und Exponate werden in interessanten Konstellationen zu gleichsam gegenständlichen Essays arrangiert. Und auch das Zusammentragen verstreuter Zeugnisse in vielen der kleinen Gedenkstätten nötigt nicht nur Respekt für das Engagement der oftmals privaten Betreiber ab, sondern eröffnet dem Besucher manches Mal überraschende Einblicke.

Einige Museen haben leistungsstarke Archive an ihrer Seite. Das Goethemuseum in Düsseldorf präsentiert der Öffentlichkeit nur einen Bruchteil der Zeugnisse, die in den Magazinen lagern. Allein dieser Bruchteil umfasst aber bereits über tausend Exponate, die der Besucher kaum alle würdigen kann. Weitere wertvolle Dokumente aus dem Archiv werden in Sonderausstellungen von Zeit zu Zeit ans Licht der Öffentlichkeit geholt. Einige solcher Museen sind mit wissenschaftlichen Forschungseinrichtungen verbunden, die Anlaufstellen für Wissenschaftler und Interessierte aus aller Welt geworden sind. Die deutsche Schillergesellschaft unterhält eigens ein „Collegienhaus", um die Gastforscher bequem unterbringen zu können. Die Forschungen dieser Einrichtungen bringen auch neue Erkenntnisse und Impulse für die Ausstellungen. Darüber hinaus haben sich verschiedene Literaturmuseen zu kulturellen Begegnungszentren entwickelt, die neben ihrer Ausstellung auch Lesungen und Kolloquien organisieren. Manche dieser Stätten sind zu großen Publikumsmagneten geworden. Das Goethehaus am Frauenplan in Weimar gehört zu den festen Attraktionen einer Thüringenreise und zählt so viele Besucher, dass stets nur eine bestimmte Anzahl gleichzeitig in die Räume gelassen wird, um die historische Bausubstanz nicht zu beschädigen.

Literaturmuseen vermitteln nicht nur Geschichte, sie

haben auch selbst eine. Meist waren es rührige Vereine, literarische Gesellschaften oder Bürgerinitiativen, die einen lokalen Gedenkort an einen geschätzten Dichter zum Museum ausbauten. Nicht selten gelang es ihnen, die öffentliche Hand in die Verantwortung einzubeziehen, um die nötigen finanziellen Mittel aufzubringen. Das schöne Fachwerkhaus in Quedlinburg, in dem Friedrich Gottlieb Klopstock 1724 geboren wurde und die frühe Kindheit verbrachte, blieb nur bis 1817 im Besitz der Familie. Auf Initiative des heimischen Klopstock-Vereins kaufte die Stadt das Haus und richtete dort 1899 ein Museum ein. Das heutige Buddenbrookhaus in der Mengstraße in Lübeck wurde 1758 von einem wohlhabenden Kaufmann erbaut und einige Jahrzehnte später von der Familie Mann gekauft. Der berühmteste Sohn der Familie, Thomas Mann, machte es 1901 mit dem Roman „Buddenbrooks" berühmt. Zu diesem Zeitpunkt hatten die Manns das Haus jedoch längst verkauft. Es kam in die Hand unterschiedlicher Nutzer. Dazu zählten noch vor der NS-Zeit die Lübecker Staatslotterie, eine Volkslesehalle und eine Buchhandlung mit dem Namen „Buddenbrooks", die immerhin schon die feste Verbindung des Gebäudes mit der fiktiven Familiengeschichte dokumentiert. Dennoch wurde das Haus erst 1993 zum Literaturmuseum „Thomas-und-Heinrich-Mann-Zentrum". Im originalen Zustand ist hier allerdings nur noch die äußere Fassade, heute ein Wahrzeichen des hanseatischen Großbürgertums. Das Haus selber fiel den Bomben des Zweiten Weltkriegs zum Opfer. Vollkommen zerstört im Krieg wurde das Geburtshaus Heinrich von Kleists in Frankfurt an der Oder, wo seit den 20er Jahren des 20. Jahrhunderts ein erstes Kleistmuseum existiert hatte. Seit 1969 beherbergt das historische Gebäude der alten Garnisonsschule Frankfurts das heutige Museum.

Von den vielen literarischen Museen und Erinnerungsorten konnte im vorliegenden Reisebegleiter nur eine beschränkte Zahl von Zielen aufgenommen werden. Die Auswahl sollte mit Stationen von der Nordseeküste bis zur Schwäbischen Alb eine möglichst große geografische Vielfalt umfassen. Außerdem war es das Ziel, unterschiedliche literarische Epochen von der Aufklärung über Klassik, Romantik, Frührealismus bis zur klassischen Moderne zu vereinen. Und neben berühmten sollten auch heute verblasste Namen aufgenommen werden, die trotzdem einen wichtigen Anteil an der Kulturentwicklung hatten. So wird den meisten Lesern der bereits erwähnte Rokokodichter Johann Wilhelm Ludwig Gleim kaum noch geläufig sein. Doch prägte er mit anderen die Sprache der im 18. Jahrhundert entstehenden Briefkultur – einer Kultur, die in unseren Tagen durch elektronische Kommunikationsformen an ihr Ende zu gelangen scheint. Diese Kultur war jedoch grundlegend für die Entstehung der neueren Literatur, wie etwa für Goethes Briefroman „Die Leiden des jungen Werthers" (1774). Auch bei einem Schriftsteller wie Justinus Kerner könnte sich die Frage stellen, warum der württembergische Romantiker, der zuweilen als Regionalautor eingestuft wird, jenseits des Schwabenlandes auf Interesse stoßen sollte. Die Antwort liegt in seiner eigentümlichen Persönlichkeit. Denn wie kaum ein anderer verkörperte der Poet, Arzt, Geisterseher, Psychologe, Mittelalterforscher und Denkmalschützer die Romantik als Lebensform – von manchen schönen Gedichten, die teilweise zu beliebten Liedern vertont worden sind, ganz zu schweigen.

Auch was die in diesem Buch berücksichtigten Schriftsteller betrifft, zwingt der knappe Raum zu Reduktionen. Doch ausgiebige Interpretationen und detaillierte Analysen liegen ohnehin nicht in der Absicht dieses Bandes und sollen der einschlägigen Fachliteratur vorbehalten bleiben. Ebenso wenig soll nach Art eines Museumsführers von Objekt zu Objekt durch die unterschiedlichen Ausstellungen geführt werden. Vielmehr will das vorliegende Buch die Rundgänge durch Museen und Orte als einen besonderen Zugang zu den Dichtern und ihrer Zeit vorstellen. Die Kombination von Reisebegleiter und Literaturvermittlung will bewusst Ortsbeschreibung und literarische Erkundung miteinander verschränken, in jedem Kapitel auf eigene Weise. Die gegenseitige Durchdringung der Sphären von Reise und Literatur hebt das Buch von rein literarischen wie rein touristischen Arbeiten ab.

Der Verfasser hofft, die Neugier und Freude bei der Arbeit an diesem Buch an die Leser weitergeben zu können. Sie mögen auf der gedanklichen Reise einen altvertrauten Schriftsteller wiederentdecken oder auf einen bisher unbekannten Schatz stoßen und vielleicht Lust verspüren, die Werke selbst zur Hand zu nehmen. Und sie mögen zu eigenen Reisen durch Deutschland auf den Spuren seiner Dichter verführt werden.

Thomasstadt Kempen, im Sommer 2011   Ernst Müller

Theodor Storm
(1817–1888)

Bürgerlichkeit und Poesie in der Nordseestadt Husum

Die Stadt

Am grauen Strand, am grauen Meer
Und seitab liegt die Stadt;
Der Nebel drückt die Dächer schwer,
Und durch die Stille braust das Meer
Eintönig um die Stadt.

Es rauscht kein Wald, es schlägt im Mai
Kein Vogel ohn' Unterlaß;
Die Wandergans mit hartem Schrei
Nur fliegt in Herbstesnacht vorbei,
Am Strande weht das Gras.

Doch hängt mein ganzes Herz an dir,
Du graue Stadt am Meer;
Der Jugend Zauber für und für
Ruht lächelnd doch auf dir, auf dir,
Du graue Stadt am Meer.

Die Stadt, das ist Husum. Theodor Storm hat ihr mit diesem Gedicht seine Liebe erklärt. In Husum wurde der Lyriker und Erzähler geboren, hier verbrachte er als Rechtsanwalt, Landvogt und Amtsrichter mit seiner Familie die meisten Jahre seines Berufslebens. Getrennt hat sich Storm von Husum dreimal: als er in Lübeck aufs Gymnasium ging und

danach in Kiel und Berlin studierte; als der deutsch-bürger-
liche Patriot sich dem dänischen Machtanspruch verwei-
gerte und für zehn Jahre ins preußische Exil zog; und dann
im Alter, als sich der Pensionär im etwas südlich gelegenen
Hademarschen ein Haus baute. Aber von der „Husumerei",
wie Theodor Fontane das literarische Schaffen des geschätzten Schriftstellerkollegen spöttisch nannte, hat Storm nie
Abschied genommen: Seine Erzählungen spielen meist in
Friesland; der Ton ist nordisch nüchtern, dennoch gefühl-
voll; und die Eigentümlichkeit der Küstenlandschaft und
der Menschen, die hier leben, charakterisieren die meisten
seiner Geschichten.

Doch ist Storm alles andere als der Regionalautor, als der
er immer wieder vereinnahmt wurde. In der Beschränkung
auf seine heimatliche Erfahrungswelt gelingt es ihm gerade,
das Allgemeingültige der geschilderten Schicksale, Verhal-
tensweisen und Gefühle zu verdeutlichen. Nicht von unge-
fähr wurde er schon zu Lebzeiten in ganz Deutschland und
auch im Ausland gelesen.

Sein ehemaliges Wohn- und Kanzleihaus in Husum, in
dem er mit seiner Familie von 1866 bis 1880 lebte, ist heute
ein lebendig gestaltetes Museum. Es wird zusammen mit einem umfangreichen Archiv von der Theodor-Storm-Gesellschaft betreut und ist eine touristische Attraktion der Stadt.
Ein Besuch in Husum ohne Besichtigung des Stormhauses
scheint undenkbar, zu eng ist Husum mit dem Namen Theodor Storm verbunden. Das bedeutet allerdings nicht, dass
Husum nicht auch andere Sehenswürdigkeiten zu bieten
hätte. Wer mit dem Zug anreist, kann sich vom Bahnhof aus
zu Fuß auf den Weg zum Museum machen und dabei einiges
über Stadt und Umland erfahren. Der Reisende sollte unbedingt das Ludwig-Nissen-Haus in der Herzog-Adolf-Straße

besuchen. Dieses Museum für nordfriesische Natur, Geschichte und Lebensart wurde von dem Husumer Ludwig Nissen (1855–1924) gestiftet, der in jungen Jahren nach Amerika ausgewandert war und dort sein Glück gemacht hatte. Die Ausstellung, verteilt über mehrere Etagen, gibt Einblick in Flora und Fauna der herben Küstenlandschaft sowie in den harten Alltag der Küstenbewohner seit dem 18. Jahrhundert, der nicht wenige zur Auswanderung nach Übersee trieb.

Im Schifffahrtsmuseum Nordfriesland am Hafen bekommen „Landratten" ebenfalls anschaulichen Nachhilfeunterricht zum Leben am und mit dem Meer. Anhand von nautischen Originalgeräten, Schiffsmodellen und Filmvorführungen erfährt man Interessantes über Geschichte und Gegenwart des Schiffsbaus und Fischfangs, über Fahrten auf stürmischer See und über das segensvolle Engagement der Deutschen Gesellschaft zur Rettung Schiffbrüchiger. Highlight der Ausstellung ist das Wrack eines 400 Jahre alten Frachtenseglers.

Es lohnt sich auch, einen kleinen Abstecher nach Norden zum Husumer Schloss zu machen. Die Renaissance-Anlage, umgeben von einem romantischen Wassergraben bietet unter anderem beeindruckende barocke Kaminbauten des 17. Jahrhunderts aus Sandstein und Alabaster sowie eine Kapelle mit alter Holzbestuhlung. Der Schlosspark ist seit dem 19. Jahrhundert im naturnachahmenden Stil englischer Gärten gestaltet. Wer im Frühjahr anreist, wird geradezu überwältigt von einem Meer aus violett blühenden Krokussen. Die Husumer nehmen die faszinierende Naturerscheinung zum Anlass, ihr jährliches Krokusfest zu feiern. Die Herkunft der unzähligen Krokusse ist nicht geklärt, möglicherweise wurden sie im Mittelalter von Mönchen angepflanzt. Im Garten des Schlosses hat auch ein Theodor-Storm-Denkmal seinen Platz gefunden.

Wer mehr über den berühmtesten Sohn der Stadt erfahren will, muss sich zum Husumer Binnenhafen begeben, in dem bei Ebbe die ankernden Schiffe auf Grund liegen. Vom Hafen, wo im Sommer Stühle und Tische vor den Cafés zum Verweilen einladen, führt eine kleine Nebenstraße namens Wasserreihe ab, in der sich das Stormmuseum befindet. Die Nummer 31 ist ein freundliches, hell verputztes Kaufmannshaus aus der ersten Hälfte des 18. Jahrhunderts. Der Eingang liegt nicht an der Straße, sondern seitwärts im Garten. Im Inneren geht der Besucher durch Räume, die wie zu Storms Zeiten im Stil der biederen, gutbürgerlichen Wohnkultur des 19. Jahrhunderts eingerichtet sind. Die Bürgerlichkeit des Hauses weist auch auf Storms schriftstellerisches Blickfeld hin. Seine Erzählungen spielen meist in der gehobenen bürgerlichen Gesellschaft. Auch wenn gelegentlich Figuren aus unteren Schichten auftreten, spielt ihre soziale Realität, wie in der gesamten deutschen Literatur der Zeit, noch keine Rolle; erst die Schriftstellergeneration nach Storm und Fontane wird sich dieser Wirklichkeit literarisch annehmen. Jedoch finden sich durchaus gesellschaftskritische Töne im Werk Storms, der zeitlebens antiklerikal und antifeudal eingestellt war.

Die drei Lebenssphären, in denen sich Theodor Storm bewegte, waren in dem Haus vereint: Es war Wohnung der Familie, Sitz der Landvogtei und zudem Entstehungsort vieler Werke. Am Ende des Flurs befindet sich das Kanzleizimmer, von dem aus der Landvogt und spätere Richter Theodor Storm seine Amtsgeschäfte betrieb. Schreibpult, juristische Unterlagen und Bücher zeugen von der verantwortungsvollen Tätigkeit, der Storm hier fast 15 Jahre nachging. Links vom Eingang betritt der Besucher das ehemalige Wohnzimmer, in dem ein langer Tisch mit Deckchen und ein großer

Schrank stehen. Einen bewegenden Blick in die Welt vor 150 Jahren erlauben die fotografischen Porträts der Familienmitglieder, denn Storm gehörte zu der ersten Generation, die sich der Fotografie bediente. Schon Storms Großmutter hatte sich mittels der Daguerrotypie, einer Vorform der Fotografie, ablichten lassen. Neben Storms Kindern und seiner Ehefrau zeigen die Fotografien immer wieder ihn selbst in den unterschiedlichen Abschnitten seines Lebens.

Die Fotografie spielt auch in der Novelle „Viola Tricolor" eine Rolle, nach der das ehemalige Wohnzimmer heute in der Ausstellung benannt ist. Der Raum ist nach einem Zimmer gestaltet, das in der Erzählung genau beschrieben ist. In der Novelle nimmt dort eine junge Frau zum ersten Mal Platz, nachdem sie der Herr des Hauses in zweiter Ehe geheiratet hat und nun in ihr neues Zuhause führt. Der neuen Gattin misslingt zunächst der Versuch, eine emotionale Verbindung mit dem Kind aus erster Ehe zu finden. Das Andenken an die verstorbene Mutter lastet wie ein Mühlstein auf dem Haushalt und bedroht das Glück der neuen Ehe. Als die junge Frau selbst ein Kind zur Welt gebracht hat und im Wochenbett ihre Lebenskräfte schwinden fühlt, bittet sie darum, rasch noch einen Fotografen zu bestellen, damit das Kind später ihre Gesichtszüge kennenlernen kann. Doch die Frau erholt sich wieder. Die Erfahrung höchster Todesnot lässt die Familie die Spannungen und Schwierigkeiten überwinden und beschert ihr endlich neues Glück: Die neue Gattin akzeptiert das Andenken an die Verstorbene und Vater und Tochter treffen eine Entscheidung für das Leben im Hier und Jetzt.

Diese kunstvoll gestaltete Novelle zeigt wesentliche Elemente der stormschen Schreib- und Erzählweise. Storm vermag es, schon vor dem dramatischen Höhepunkt in scheinbar nebensächlichen Bemerkungen der Figuren oder in

Beschreibungen der Zimmereinrichtung das später aufbre-chende Seelendrama in einer Weise spürbar werden zu las-sen, die dem Leser unter die Haut geht. Die Darstellung bleibt dem Sichtbaren und Gegebenen verhaftet, weshalb Storm auch zu den Realisten in der Literaturgeschichte gezählt wird. Aber die Bedeutung reicht darüber hinaus, öffnet den Blick auf abgründige Stimmungen und Konflikte.

Für Storms Auseinandersetzung mit den existenziellen Fragen, die ihn beschäftigten, ist sein Atheismus von beson-derer Bedeutung. Entgegen den christlichen Vorstellungen und Erwartungen seiner Zeit betrachtete Storm den Tod als das Ende aller Existenz. Auch in der angesprochenen Novelle wird eigens darauf verwiesen, dass die verstorbene erste Gat-tin des Protagonisten ohne Priester, dafür aber würdevoll in frühester Morgenstunde beerdigt wurde. Auf genau diese Weise hatte sich tatsächlich die Beerdigung der ersten Ehe-frau Storms, Constanze, zugetragen. Storms Aufmerksam-keit galt dem diesseitigen Leben, gerade aufgrund seiner Flüchtigkeit und Begrenzung. Daher spielen Zeit und Ver-gänglichkeit in vielen seiner Geschichten eine wichtige Rolle. Immer wieder streift der Blick des Erzählers in den Novellen über die Jahre und macht Sprünge über die Zeiten hinweg.

Die wehmütige Erinnerung prägt auch Storms frühen Er-folg, die Novelle „Immensee". 1849 zunächst in einer Zeit-schrift publiziert, erlangte die Buchausgabe schon zu Storms Lebzeiten rund 30 Auflagen und machte ihn als Schriftsteller bekannt. In dieser Novelle erinnert sich der alternde Erzähler seiner Jugendliebe, die lange auf ihn gewartet hat, schließlich aber auf Druck der Mutter in die Ehe mit einem wohlhaben-den Gutsbesitzer einwilligen musste. Ein Besuch des Erzäh-lers bei dem Paar, das eine unterkühlte Beziehung pflegt, lässt die früheren Gefühle schmerzhaft aufleben und endet in end-

gültiger Trennung und Entsagung. Die Perspektive des Rück-
blicks mit ihren unterschiedlichen Zeitebenen taucht das Geschehen in die Wehmut verpasster Lebenschancen. Die
Sprache des Erstlingswerks ist noch stark lyrisch geprägt und
trägt Züge des Romantischen. In den späteren Novellen wird
Storms Tonfall herber und realitätsbezogener. Die Immen-
see-Geschichte gründet auch in eigenem Erleben. Der junge
Storm, noch auf dem Gymnasium, verliebte sich früh in ein
Mädchen, dem er später vergebens einen Heiratsantrag
machte.

Alte Ausgaben von „Immensee" und anderen Erzählungen sind in den beiden nächsten Museumsräumen ausgestellt,
in denen der Besucher Näheres zu Storms Biografie erfährt.
Bereits als Gymnasiast schrieb der junge Storm erste Gedichte. Auf der Universität in Kiel lernte er den späteren Historiker und Nobelpreisträger Theodor Mommsen und dessen
Bruder Tycho kennen. Gemeinsam gaben sie eine Sammlung
von Liedern heraus – Storm gründete übrigens auch später
noch an all seinen Wohnorten Gesangsvereine oder trat ihnen bei. Überhaupt schätzte Storm Geselligkeit, im Verein
wie im freundschaftlichen und familiären Rahmen, etwa in
Teegesellschaften oder Kartenrunden. Er studierte Jura wie
sein Vater, der ein anerkannter Anwalt in Husum war. Nach
seinem Studienabschluss arbeitete Storm zunächst in der
väterlichen Kanzlei, bevor er sich selbständig machte und
schließlich in den Staatsdienst wechselte. Storm, der 1834
seine Cousine Constanze Esmarch heiratete, litt bald nach
der Hochzeit unter Liebesqualen, da in ihm die Gefühle für
seine Jugendliebe Dorothea Jensen wieder aufbrachen. Kurz
nachdem er 1865 seine Amtsrichterstelle in Husum antrat,
starb seine Frau bei der Geburt ihres siebten Kindes. Nur ein
Jahr später heiratete er Dorothea, mit der er in das Haus an

der Wasserreihe einzog, dem heutigen Stormmuseum. Der Konflikt der zweiten Ehefrau in der Novelle „Viola Tricolor" kennt also ebenfalls ein Vorbild in Storms eigenem Leben. Mit seiner ersten Ehefrau hatte Storm bis zu seinen Jahren in Preußen 1852 ein Haus in der Nähe des Schlossparks bewohnt, das ihm der Vater zur Verfügung gestellt hatte. In diesem Haus schrieb er „Immensee" und das berühmte Gedicht über die graue Stadt am Meer. Heute weist eine Gedenktafel an der Fassade Neustadt 56 auf den einstigen Bewohner hin.

Storm hat sich, was die Prosa angeht, entschieden als Novellendichter verstanden und diese Form ein Leben lang bevorzugt. In der Novelle, die sich auf eine Begebenheit konzentriert, sah er die Möglichkeit, sich wie in der Lyrik auf Wesentliches zu beschränken. Entsprechend sorgfältig hat Storm an den Sätzen der Texte gefeilt. In der Form der Novelle setzte sich der Schriftsteller mit vielen verschiedenen Themen auseinander. Manche Novelle ging aus persönlichen und beruflichen Erfahrungen hervor, andere griffen aktuelle Themen der Zeit auf; seine Novellen behandeln die Sehnsucht und Suche nach Liebesglück, die Stellung des Künstlers in der Gesellschaft oder nehmen historische Stoffe und Legenden auf.

Ein Thema seines Werks sind auch Kinderfiguren. In die Erlebniswelt von Kindern vermochte sich der achtfache Vater offenbar besonders gut hineinzuversetzen. Eine seiner berühmtesten Erzählungen, „Pole Poppenspäler", ist sogar eigens für Kinder und Jugendliche verfasst. Sie wird noch heute gern im Deutschunterricht gelesen. Entstanden ist die Novelle übrigens im Haus in der Wasserreihe. Auch im Kulturleben der Stadt Husum hat die Erzählung greifbare Spuren hinterlassen. Das heimische Museum für Marionettenfiguren, das eine bunte Vielzahl an Spielfiguren aus aller Welt ausstellt, nennt sich nach Storms Novelle „Poppenspäler Museum". Jährlich im September lädt der Förderkreis zu einem Pole-Poppenspäler-Festival nach Husum ein.

Eine Holztreppe führt den Museumsbesucher in die zweite Etage des Storm-Hauses. Hier befindet sich ein weiteres ehemaliges Wohnzimmer der Familie Storm, weil der Hausherr zeitweilig die untere Etage vermietet hatte. Zudem kann hier Storms ehemaliges Arbeitszimmer, in dem er viele seiner Werke schrieb, besichtigt werden. Diese beiden Räume entsprechen noch weitgehend dem Zustand, wie ihn die Familie Storm hinterlassen hat, und erhalten eine ganz besondere Atmosphäre durch die originalen Möbel, Bilder und Bücher. Zusätzlich hat die Theodor-Storm-Gesellschaft auf dieser Etage einen eigenen Ausstellungsraum zu Storms berühmtestem Werk eingerichtet: der Erzählung „Der Schimmelreiter."

Mehrfach verfilmt und ebenfalls immer noch Schulstoff, dürfte diese dramatische Gespenstergeschichte den meisten Besuchern bekannt sein. Sie handelt vom Deichgrafen Hauke Haien, der sich einst angesichts einer Natur- und Familienkatastrophe in die schäumende See stürzte und seitdem, wenn auch undeutlich, immer wieder als untoter Reiter auf dem Deich gesichtet wird. Diesem unheimlichen Höhepunkt voraus geht eine fesselnde Geschichte von sozialem Aufstieg, Außenseitertum, Versagen vor dem eigenen Gewissen, vom Kampf gegen die grausame Gewalt des Meeres, der Kraft abergläubischer Sagen und dem Glauben an technischen Fortschritt.

Ein handschriftlicher Entwurf des Dichters gibt Einblick in seinen Arbeitsprozess. Zur Vorbereitung des „Schimmelreiters" betrieb Storm genaue Studien zur Technik des Deichbaus, um auch in den Einzelheiten auf sicherem Grund zu stehen. Als Quelle seiner Geschichte diente ihm eine Erzählung, die er als Student in einer Zeitschrift gelesen hatte. Gut 40 Jahre später formte er sie zu einer vollendeten Novelle, die Leben und Mentalität der Küstenbewohner atmosphärisch dicht wiedergibt. Die Novelle, die heute zur Weltliteratur gehört, war Storms letztes Werk. Der schwer kranke Schriftsteller, inzwischen auf seinem Alterssitz in Hademarschen, rang sie 1888 dem Tod geradezu ab. Kurz nach ihrer Vollendung starb er. Beigesetzt wurde Storm in der Familiengruft auf dem Husumer St.-Jürgen-Friedhof.

Obwohl es vor allem der „Schimmelreiter" war, der Storm einen bleibenden Platz in der Literaturgeschichte gesichert hat, wäre es falsch, den Autor auf seine Prosatexte zu reduzieren. Storm selber verstand sich in erster Linie als Lyriker. Thomas Mann schrieb über Storms Gedichtsammlungen, dass dort „Perle fast an Perle" gereiht sei. Und tatsächlich, Gedichte von anrührender Schönheit finden sich dort:

Meeresstrand

Ans Haff nun fliegt die Möwe,
Und Dämmrung bricht herein;
Über die feuchten Watten
Spiegelt der Abendschein.

Graues Geflügel huschet
Neben dem Wasser her;
Wie Träume liegen die Inseln
Im Nebel auf dem Meer.

Ich höre des gärenden Schlammes
Geheimnisvollen Ton,
Einsames Vogelrufen—
So war es immer schon.

Noch einmal schauert leise
Und schweiget dann der Wind;
Vernehmlich werden die Stimmen,
Die über der Tiefe sind.

Auch hier lässt sich die genaue Beobachtungsgabe Storms erkennen, der die Natur der Nordseeküste in ihren Einzelheiten in präzisen und plastischen Bildern lebendig werden lässt. Doch bleibt Storm wie bei seinen Novellen auch in seiner Lyrik nicht bei der Abbildung der Wirklichkeit stehen. Das lyrische Ich und die Betonung des subjektiven Erlebnisses im zitierten Gedicht lenken die Aufmerksamkeit darauf, dass auch in Zukunft, wenn der Betrachter längst verstorben sein wird, künftige Generationen diesen Meeresstrand betrachten werden; und die Stimmen der Toten, die einst dasselbe Bild genossen haben, erheben sich in der Fantasie des Betrachters und erinnern ihn wehmütig daran, dass auch er einmal zu ihnen gehören wird. Die Erfahrung von Vergänglichkeit und Begrenztheit menschlicher Existenz ist Teil dieses Naturerlebnisses. Diese melancholischen und doch der Welt zugewandten Verse mögen nicht zuletzt zu einem ausgedehnten Spaziergang an der Husumer Bucht mit ihren einzigartigen Halligen und Inseln verführen. Dort kann man die nordfriesische Landschaft erleben, die Storm so sehr geprägt und beschäftigt hat.

▩ Adressen

Stormhaus
Wasserreihe 31
25813 Husum
Öffnungszeiten:
April bis Oktober: dienstags bis freitags 10–17 Uhr,
montags und sonntags 14–17 Uhr, samstags 11–17 Uhr,
November bis März: dienstags, donnerstags und samstags
14–17 Uhr.
Weitere Informationen: www.storm-gesellschaft.de

Nordsee Museum Husum
Nissenhaus
Herzog-Adolf-Straße 25
25813 Husum
Öffnungszeiten:
April bis Oktober: täglich außer Montag 10–17 Uhr,
November bis März: täglich außer Montag 11–17 Uhr.
Weitere Informationen:
www. museumsverbund-nordfriesland.de

Schiffahrtsmuseum Nordfriesland
Zingel 15
25813 Husum
Öffnungszeiten:
Täglich 10–17 Uhr.
Weitere Informationen: www.schiffahrtsmuseum-nf.de

Schloss vor Husum
König-Friedrich V.-Allee
25813 Husum
Öffnungszeiten:
März bis Oktober: täglich außer Montag 11–17 Uhr,
November bis Februar: Samstag und Sonntag 11–17 Uhr.
Weitere Informationen: www. museumsverbund-nf.de

▨ Literatur

Theodor Storm: Sämtliche Werke in vier Bänden, hrsg. von Karl Ernst Laage und Dieter Lohmeier. Frankfurt a. M. 1987.
Ders.: Werke in einem Band, hrsg. von Peter Goldammer. München 1988.
Ders.: Märchen, Novellen und Gedichte. Mannheim 2011.

Paul Barz: Theodor Storm. Wanderer gegen Zeit und Welt. Biografie. Berlin 2004.
Christian Begemann (Hrsg.): Realismus. Epoche – Autoren – Werke. Darmstadt 2007.
Heinrich Detering: Kindheitsspuren – Theodor Storm und das Ende der Romantik. Heide 2011.
Gerd Eversberg: Der echte Schimmelreiter. Heide 2010.
Karl Ernst Laage: Theodor Storm. Biografie. Heide 1999.
Ders.: Mit Storm auf Schritt und Tritt – Reisebegleiter durch Husum und Nordfriesland. Heide 2006.

Thomas Mann (1875–1955) und Heinrich Mann (1871–1950)

Die schwierigen Brüder im Buddenbrookhaus zu Lübeck

Die freundliche Dame an der Hotelrezeption zieht einen Stadtplan hervor und empfiehlt dem Neuankömmling eine romantische Schiffstour auf der Trave und die Besteigung des über 50 Meter hohen Aussichtsturmes der St.-Petri-Kirche: „Von dort oben haben Sie einen herrlichen Blick über Lübeck." Sie empfiehlt außerdem das berühmte Holstentor, das im 15. Jahrhundert erbaut wurde und zu D-Mark-Zeiten den 50er-Schein zierte. Das Buddenbrookhaus kommt allerdings nicht zur Sprache, was doch ziemlich verwundert. Denn Lübeck hat sich mit diesem Namen in die Literaturgeschichte eingeschrieben. Und so geht mit dem „Buddenbrookhaus" eine Sehenswürdigkeit Lübecks auf eine literarische Erfindung zurück, auf Thomas Manns 1901 veröffentlichten Roman über die Lübecker Familie Buddenbrook.

Die Geschichte der großbürgerlichen Kaufmannsfamilie umfasst im Roman vier Generationen und erzählt von ihrem wirtschaftlichen, gesellschaftlichen und biologischen Verfall. Thomas Mann hat die Schauplätze des Romangeschehens sorgfältig auf dem realen Stadtplan Lübecks eingetragen. Das prächtige Wohnhaus mit Geschäftskontor der Buddenbrooks hat er an der Lübecker Mengstraße angesiedelt. Thomas Buddenbrook ist das letzte Oberhaupt der Dynastie und ihres

Speditionsgeschäfts. Als Senator nimmt er auch politische Aufgaben wahr, im Lübecker Rathaus, nicht weit von der Mengstraße entfernt. Nach seiner Heirat mit der musischen Niederländerin Gerda bezieht Thomas Buddenbrook ein Haus in der benachbarten Breiten Straße, die heute eine Einkaufsmeile ist. Später erbaut sich Thomas Buddenbrook ein neues, repräsentatives Haus an der Fischergrube, in der Nähe des Hafens. Buddenbrooks Sohn Hanno, ein lebensuntüchtiges Kind, das als Nachfolger im Chefsessel der Firma nicht infrage kommt, lauscht gern dem Spiel des Kirchenorganisten in der mächtigen Marienkirche aus dem 13. und 14. Jahrhundert. Er geht auf das Katharineum, ein Gymnasium in der Königstraße, die parallel zur Breiten Straße verläuft, und das noch heute in Funktion ist. Im Buch wird die Firma nach dem Tod von Thomas Buddenbrook aufgelöst. Seine Witwe Gerda verlässt schließlich Lübeck, als ihr Sohn Hanno ebenfalls stirbt.

Die genannten und noch viele andere Orte des Romangeschehens lassen sich in der Lübecker Altstadt erlaufen. Doch kann man bei einem solchen Rundgang nicht nur versuchen, sich die fiktive Geschichte der Buddenbrooks vorzustellen, sondern auch die reale Geschichte der Familie Mann – wenn auch manches im Krieg zerstört wurde. Denn in der genauen Lagebeschreibung des Romans spiegelte Thomas Mann die Orte seiner eigenen Familie, an deren Geschichte er sich bei der Abfassung seines Romans stark angelehnt hat. In der Mengstraße 4 stand einst wirklich das Wohnhaus der Familie des Autors. Die Fassade davon ist erhalten geblieben. Auch seine Vorfahren waren Kaufleute und betrieben in der Mengstraße ihr Geschäft. Thomas Mann selber ist allerdings in einem Haus in der Breiten Straße geboren, das sein Vater einige Jahre zuvor gekauft hatte. Das Geburtshaus steht heute nicht mehr, nur eine beschriftete Stele erinnert noch an den einstigen Standort. Wie im Roman, so kaufte der Vater, Oberhaupt der Firma und Senator der Stadt, später ein weiteres Grundstück in der Nähe dazu und ließ darauf 1881 ein neues, repräsentatives Haus für die Familie bauen – allerdings nicht in der Fischergrube wie im Buch, sondern in der parallelen Beckergrube. Auch dieses Haus der Manns steht nicht mehr, es fiel 1942 einem Bombenangriff zum Opfer. Im Stammhaus der Familie Mann in der Mengstraße wohnte zur Kinderzeit von Thomas Mann nur noch seine Großmutter. Nach dem plötzlichen Tod seines Vaters 1891 wurde die Firma liquidiert. Die Mutter zog mit den jüngeren Kindern nach München. Nur Thomas blieb noch zwei Jahre, um weiter das Katharineum zu besuchen.

In der Marienkirche gleich gegenüber dem Buddenbrookhaus wurde Thomas Mann getauft und konfirmiert. Wie sein Geschöpf Hanno stieg er als Junge gern zur Orgelempore hoch, um dem Organisten beim Spiel zuzuschauen. Die Musik hat im Leben von Thomas Mann stets eine herausragende Rolle gespielt. Seine Erzählweise ist später oft mit Mehrstimmigkeit und Kontrapunkt in der Musik verglichen worden. Die Marienkirche birgt noch ein weiteres Thema, das im Werk Thomas Manns eine zentrale Rolle einnimmt: den Tod. An den Wänden des Gotteshauses fallen die vielen barocken Fresken mit Todessymbolen ins Auge. Und in der Beichtkapelle hing – bis zur Bombardierung im Zweiten Weltkrieg, bei der viele Kunstwerke verbrannten – das 26 Meter lange Wandgemälde des „Lübecker Totentanzes" von 1463 in alter Kopie. Es zeigte, wie Menschen unterschiedlichen Standes und Alters von Skeletten gnadenlos weggeführt werden. Im Hintergrund war die Stadt Lübeck zu sehen. Heute sind in der Kirche fotografische Vergrößerungen des verbrannten

Gemäldes angebracht, und der Künstler Alfred Mahlau schuf 1955 Fenster mit Motiven des „Totentanzes". Tod und Vergehen bleiben ein durchgängiges Thema seiner Romane. In seinem Kapitalroman „Der Zauberberg", der in einem Lungensanatorium spielt, ist der Tod allgegenwärtig und in seiner bekanntesten Novelle, dem „Tod in Venedig", wird das Ende der Geschichte schon im Titel vorweggenommen. Und im Roman über die Kaufmannsfamilie Buddenbrook wird ihr Verfall und nicht ihr Aufstieg geschildert. Ein weiteres Lebensthema Thomas Manns war die Geschichte, Kritik und Verteidigung der Welt, der er entstammte, das Bürgertum.

Im Haus in der Mengstraße mit der alten Fassade befindet sich heute das Literaturmuseum „Buddenbrookhaus". Der Verzahnung von historischer Wirklichkeit und literarischer Fiktion folgend, bietet es im Erdgeschoss eine Ausstellung über die Entwicklung der Familie Mann und im Obergeschoss eine Schau zum Buddenbrook-Roman. Beim Letzteren verspricht das Thomas-und-Heinrich-Mann-Zentrum, das die Schau verantwortet, einem „begehbaren Roman." Und tatsächlich zieht das Arrangement zweier Zimmer nach Romanbeschreibungen den Besucher in das fiktive Geschehen hinein: Möbel und Gemälde sind mit weißen Laken bedeckt. Die Szene stellt jenen Moment dar, als das Haus an den stärksten geschäftlichen Konkurrenten verkauft worden ist und die Buddenbrooks ausziehen. Im Hintergrund erklingt Pferdegetrappel der Möbelpacker auf der Straße. Eine ähnlich starke Wirkung üben die Ausschnitte aus vier Buddenbrook-Verfilmungen aus, die auf verschiedenen Monitoren gezeigt werden. Die erste ist ein Stummfilm des Jahres 1923 und die – bisher – letzte die Heinrich-Breloer-Fassung von 2008. Von allen vier Filmen wird die gleiche Romanszene vorgeführt: die erste Vorstellung des betrügerischen späteren

Schwiegersohns im Hause Buddenbrook. Eine gelungene Idee, die dem Besucher die unterschiedlichen Interpretationen dieser Szene vor Augen führt.

Auch die nüchterne Information kommt nicht zu kurz. Auf Wandtafeln sowie in Vitrinen und Schubfächern sind viele interessante Angaben rund um den Roman abrufbar. In einem Brief forderte der Verleger Samuel Fischer den zu diesem Zeitpunkt noch unbekannten Thomas Mann auf, sein Manuskript um die Hälfte zu kürzen, was dieser aber ablehnte. Die erste Buchausgabe von 1901 in zwei Bänden schien die Skepsis des Verlegers zu bestätigen. Sie lief nicht gut. Doch die Ausgabe von 1903 in einem Band geriet zum Bestseller, der Thomas Mann ebenso berühmt wie wohlhabend machte. 1929 erhielt der inzwischen arrivierte Autor für die Buddenbrooks den Literaturnobelpreis. Bis heute hat sich der Roman rund vier Millionen Mal verkauft. Der Besucher erfährt auch, welche realen Personen Thomas Mann als Vorbilder für die Romanfiguren herangezogen hat. Sein Onkel Friedel, der sich in der Figur des hypochondrischen Christian Buddenbrook wenig schmeichelhaft karikiert fand, bezichtigte den Neffen 1913 in einer Annonce des Lübecker Generalanzeigers der Nestbeschmutzung.

Will sich der Besucher dieser realen Familiengeschichte näher zuwenden, so wird er im Erdgeschoss über die traditionsreiche und weitverzweigte Mann-Familie ausgiebig informiert. Es wird der Weg vom Kaufmann Johann Siegmund Mann, der 1790 seine Speditionsfirma in Lübeck gründete, über die Kinderzeit Thomas' und Heinrichs, seines älteren Bruders, in der Mengstraße bis zur Zeit, als sie Lübeck verlassen haben, nachgezeichnet. Die Ausstellung endet mit den Kindern und Enkeln des Starautors Thomas Mann, die ihrerseits zum Teil bedeutende Schriftsteller und Gelehrte wur-

den, wie etwa sein Sohn, der Historiker Golo Mann (1909–
1994). Zwischen diesen Generationen liegen zwei bewegte
Jahrhunderte. Bis zu den Eltern des späteren Nobelpreisträgers waren die Manns Geschäftsleute. Seit der Generation
von Heinrich und Thomas Mann sind sie vielfach Künstler
und Wissenschaftler. Möglich, dass Thomas Manns Mutter
an dieser Veränderung nicht unbeteiligt war. Die Tochter
eines deutschen Überseekaufmanns wurde in Brasilien geboren und brachte einen exotischen und leichtlebigen Einschlag
in die strenge hanseatische Familie ein. Ihre Person diente
auch als Vorlage für die Ehefrau von Thomas Buddenbrook.
Im Roman beschäftigt sich dessen musische Frau Gerda lieber
mit dem Geigenspiel und Opernbesuchen, als ihrem Mann
eine Stütze im harten Geschäftsleben zu sein. Der gemein-
same Sohn Hanno schlägt zum Leidwesen des Firmenchefs
nur allzu deutlich nach ihr. Im Roman wirken Künstlertum
und wachsende Verfeinerung des Lebensstils als Wegbereiter
des Verfalls einer ehemals tüchtigen und zupackenden Familie. Thomas Mann hat diese Entwicklung seiner fiktiven Buddenbrooks im eigenen Hause erlebt: Sein Vater hielt ihn und
seinen älteren Bruder Heinrich, beide Schulversager und vor
allem an Kunst interessiert, für unfähig, nach seinem Tod
das Unternehmen weiterzuführen. Den schriftstellerischen
Erfolg seiner beiden Söhne hat der Vater nicht mehr erlebt.

Heinrich Mann steht nicht weniger im Mittelpunkt der
Ausstellung als sein Bruder Thomas. Man kann den weiteren
Lebensweg der beiden Schriftsteller gut anhand ihrer Unterschiede und Gemeinsamkeiten verfolgen. Heinrich Mann ist
vor allem für seinen Roman „Der Untertan“ bekannt, mit
dem er die wilhelminische Gesellschaft karikierend ent-
larvte. Nach dem Ersten Weltkrieg geriet das kritische Buch
zum sensationellen Bestseller. Auch seine böse Satire „Profes-

sor Unrat" von 1905 ist im Gedächtnis geblieben, vor allem durch die Verfilmung von 1929 unter dem Titel „Der blaue Engel" mit Marlene Dietrich. Heinrich war der erste der beiden Brüder, der als Schriftsteller an die Öffentlichkeit trat. Beherzt emanzipierte er sich von den beruflichen Vorstellungen seines Vaters und knüpfte Kontakte zu Verlagen. Erst im Windschatten seiner Entwicklung gewann der junge Thomas erste Publikationsmöglichkeiten.

Im Jahr 1903 kam es zu einem ersten Konflikt zwischen den Brüdern. Thomas, der großen Wert auf eine tiefgründige, mit Ironie und leichter Melancholie angereicherte Menschenzeichnung legte, machte Heinrich heftige Vorwürfe wegen dessen zugespitzter, zuweilen greller und kolportageartiger Darstellungen. Der kommerzielle Erfolg der „Buddenbrooks" mag Thomas zu dem Ausfall beflügelt haben. Beide Autoren hatten unterschiedliche Arbeitsweisen, die Thomas wohl als eine Ursache für die geringere literarische Qualität der Werke seines Bruders ansah: Zwischen 1900 und 1910 schrieb er mit seiner langsamen und bedächtigen Schreibweise gerade einmal zwei Romane, „Buddenbrooks" und „Königliche Hoheit", während Heinrich Mann es auf sechs brachte. Und tatsächlich erscheint angesichts der verzaubernden, musikalisch anmutenden Sprachkunst Thomas Manns sein Bruder zwar als ein solider Romancier, aber Stilistik und Sprachkraft bleiben eher durchschnittlich. Nur wenige seiner zahlreichen Romane hatten Nachwirkung. Sein Roman „Die kleine Stadt" (1909) etwa behält durch die ungewöhnliche Form bis heute einen eigenständigen Reiz. Denn statt eines Helden beansprucht das Kollektiv einer italienischen Ortschaft gemeinsam die Hauptrolle. Man kann in dieser ungewöhnlichen literarischen Anlage ein Plädoyer für die Demokratie erkennen. Eine ähnliche

Stoßrichtung wurde schon in Heinrichs Erstling „Im Schla-
raffenland" (1900) deutlich. In diesem Roman karikierte er
Gier und unmoralische Auswüchse der höheren Gesellschaft, die er aus seiner eigenen Geschichte gut kannte.

Die Themenwahl deutet schon auf die politischen Unterschiede zwischen den Brüdern hin, die mitten im Ersten
Weltkrieg eskalierten: Thomas sprach sich für die Monarchie
aus, Heinrich setzte sich für eine Demokratie ein. Thomas
deutete den Weltkrieg als Selbstbehauptung deutscher Kultur, Heinrich sah im Krieg eine Barbarei und lehnte ihn ab.
Thomas verortete die Stellung des Künstlers außerhalb des
politischen Lebens, Heinrich vertrat die Position eines politisch engagierten Schriftstellers. Der Streit, den die Brüder
öffentlich in ihren Schriften austrugen, führte zum Bruch.
Obgleich sie beide mittlerweile in München lebten, verkehr-
ten sie gut sechs Jahre nicht mehr miteinander. Versöhnung
brachte erst eine lebensbedrohliche Krankheit Heinrichs im
Jahr 1922 und ein Wandel in Thomas Manns politischer Haltung: Er sprach sich nun nachdrücklich für die Republik aus.
Dennoch blieb er ein konservativ gesinnter, bürgerlicher
Mensch, während sein Bruder mit sozialistischen Ideen sym-
pathisierte. Unterschiede bestanden auch im Privatleben der
beiden. Thomas heiratete eine hochgebildete Tochter aus rei-
cher Familie und lebte mit ihr und den sechs Kindern stets
im Wohlstand. Heinrich heiratete zweimal Frauen aus dem
Künstler- und Bohèmemilieu und litt wegen des kommerziel-
len Misserfolgs vieler seiner Bücher oft unter Geldknappheit.
Auch in dieser Unterschiedlichkeit galten die beiden Brüder
in den 20er und Anfang der 30er-Jahre als Repräsentanten
des geistigen Deutschlands. Nachdem Thomas Mann 1929
den Nobelpreis bekommen hatte, wurde Heinrich Mann 1931
Präsident der Sektion Literatur der Akademie der Künste.

Mit dem „Zauberberg" (1924) hat Thomas Mann Maßstäbe für die sprachliche und philosophische Durchdringung
eines Stoffs gesetzt. Die Handlung des Romans spiegelt den
europäischen Geist vor dem Ausbruch des Ersten Weltkriegs
und behandelt wie nebenbei das grundlegende Phänomen
der Zeit. Mit diesem Meilenstein der Romanliteratur festigte
Thomas seinen Weltruhm. Heinrich Mann erhielt schließlich
mit seinem zweibändigen Historienepos „Henri Quatre"
(1935–38) doch noch die Anerkennung seines Bruders, die
dieser ihm so oft verweigert hatte. Vor der Kulisse des früh-
neuzeitlichen Frankreichs wirft das Werk die Frage nach
guter Regierung auf und spielt auf die demagogischen und
verbrecherischen Verhältnisse in Nazi-Deutschland an.

Auch wenn Thomas Mann sich erst 1936/37 eindeutig öffentlich äußerte, waren sich die Brüder in der Ablehnung
Hitlers einig. Heinrich ging gleich nach der Machtergreifung
der Nazis 1933 nach Frankreich, Thomas kehrte von einer
Vortragsreise im Ausland nicht mehr zurück. Nach einer
abenteuerlichen Flucht vor der heranrückenden Wehrmacht
im Krieg traf Heinrich schließlich in den USA ein, wo Thomas mit seiner Familie bereits Aufnahme gefunden hatte.
Doch während der berühmte Thomas Mann dort das Leben
eines wohlhabenden Autors führte, sogar vom US-Präsiden-
ten empfangen wurde, blieb sein Bruder, in Amerika unbe-
kannt, fast ohne Einnahmen und so auf die Unterstützung
seines Bruders angewiesen.

Beide kehrten nach dem Ende des Zweiten Weltkriegs
nicht nach Deutschland zurück. Heinrich Mann, der 1949
zum Präsidenten der Akademie der Künste in Ost-Berlin ge-
wählt wurde, zögerte und verstarb 1950 noch in den USA.
Thomas Mann zog 1952 aus Amerika in die Schweiz. Ein Jahr
später besuchte er seine Heimatstadt zusammen mit seiner

Frau Katja. In der Ausstellung des Museums sind Fotos zu sehen: Thomas und Katja Mann vor dem ausgebrannten „Buddenbrookhaus". Das Paar besichtigte auch die Marienkirche, deren Glocken am Boden zerschellt waren. Sie sind übrigens bis heute in diesem Zustand belassen worden, als Mahnmal gegen den Krieg. 1955 erhielt Thomas Mann im Bürgerschaftssaal des Lübecker Rathauses die Ehrenbürgerwürde und reiste nochmals nach Lübeck. In seiner Dankesrede erinnerte er an seinen Vater, den Senator, der nicht mehr erleben konnte, wie der scheinbar missratene Sohn nun doch noch an dem früheren Arbeitsplatz des Vaters im historischen Audienzsaal hatte Platz nehmen dürfen.

In dem reich mit Gemälden und altem Mobiliar ausgestatteten Rathaus mittelalterlichen Ursprungs, das in öffentlichen Führungen besichtigt werden kann, hängt heute das Bild Thomas Manns gleich neben einem Foto von Willy Brandt. Der ehemalige Bundeskanzler wurde ebenfalls in Lübeck geboren und erhielt wie der Schriftsteller die Ehrenbürgerurkunde und später den Nobelpreis. Wer sich mit diesem Lübecker näher beschäftigen will, der findet an der Königstraße, nur wenige Gehminuten vom Buddenbrookhaus, das Willy-Brandt-Haus, in dem zahlreiche Erinnerungsstücke an den Politiker aufbewahrt werden. Bei kostenlosem Eintritt führt die lebendig gestaltete Ausstellung den Besucher durch den Lebensweg und das politische Wirken des prominenten Sozialdemokraten.

An den Garten des Willy-Brandt-Hauses grenzt das Museum des dritten Nobelpreisträgers: Günter Grass. Seiner Doppelbegabung als Schriftsteller und bildender Künstler ist das Günter-Grass-Haus an der Glockengießergasse gewidmet. Grass wurde 1959 durch seinen Roman „Die Blechtrommel" auf einen Schlag weltberühmt. In der überwiegend nüchternen Sprache der Nachkriegsliteratur erregte seine überbordende Erzählweise großes literarisches Aufsehen. Seitdem schrieb Grass in jedem Jahrzehnt einen dickleibigen Roman. Breiter Raum ist im Museum auch dem grafischen Werk von Günter Grass gewidmet. Die gegenständlichen, meist in kräftigen Strichen gehaltenen Arbeiten verweben realistische und fantastische Elemente miteinander. Eine besonders beeindruckende Arbeit ist außerhalb des Museums, in einer Kapelle der Lübecker Marienkirche, zu sehen: Gegenüber einem lebensgroßen Kruzifix hängt eine großformatige, dreiteilige Zeichnung, die in Anspielung auf die Kreuzigungsszene das Waldsterben thematisiert.

Sicher nicht zufällig sind das Grasshaus und das Brandthaus über einen gemeinsamen Hof miteinander verbunden. Der Schriftsteller Günter Grass hatte in den 60er und 70er Jahren den Politiker Willy Brandt öffentlich unterstützt. Mit seiner grundlegenden Auffassung, dass ein Schriftsteller auch politisch Flagge zeigen sollte, steht Grass in der Tradition von Heinrich Mann. Mit beiden Manns verbindet die beiden jüngeren Nobelpreisträger Brandt und Grass die Ablehnung bzw. Aufarbeitung der Hitlerdiktatur. In diesem Sinne lässt sich zwischen den drei Museen ein geistiges Band denken.

Der historisch interessierte Besucher Lübecks sollte unbedingt auch das Museum Behnhaus aufsuchen, das nur wenige Meter neben dem Willy-Brandt-Haus an der Königstraße liegt. Denn dieses klassizistische Bürgerhaus demonstriert den Architektur gewordenen Stolz und Wohlstand des hanseatischen Großbürgertums. Der einstige Lebensstil Lübecker Kaufmannsfamilien wie den Manns lässt sich an den verzierten Aufgängen und den kunstvoll gestalteten Zimmern mit prachtvoll bemalten Tapeten und schweren Möbeln ablesen. Dies ist ein Eindruck, den das Buddenbrookhaus wegen der Kriegszerstörung nicht mehr zu vermitteln vermag.

Überdies versammeln das Behnhaus und das mit ihm verbundene Nachbargebäude einige Gemälde großer Meister wie Caspar David Friedrich, Edvard Munch oder Ernst Ludwig Kirchner. Wenn sich der Besucher in Richtung Hafen wendet, verlässt er die einst reichen Viertel der Großkaufleute und betritt die engen Gassen der einstigen Handwerker. Über einem Haus in Hafennähe prangt in großen Lettern der Schriftzug „Blauer Engel", in Anspielung auf das Lokal in Heinrich Manns Roman „Professor Unrat". Hier erliegt der strenge Professor den Reizen einer betörenden Tingeltangelsängerin. Heinrich Mann hat in dem Roman Lübeck nicht erwähnt. Doch besteht wenig Zweifel daran, dass er bei dem steifen Gymnasiallehrer wohl die Pädagogen des ungeliebten Katharineums vor Augen hatte und die Spelunke, in der dieser zum Gespött der Stadt wird, im Lübecker Hafen ansiedelte. Zu Fuß erreicht man von dort übrigens auch das Holstentor, in dem das Hansemuseum untergebracht ist.

Nach so vielen Museen sollte man sich aber an den Rat der freundlichen Concierge des Hotels erinnern und noch zu der empfohlenen Schiffstour auf der Trave aufbrechen, wo einem der Ostseewind ins Gesicht weht.

■ **Adressen**

Buddenbrookhaus
Mengstraße 4
23552 Lübeck
Öffnungszeiten:
Januar bis März: täglich 11–17 Uhr,
April bis Dezember: täglich 10–18 Uhr.
Weitere Informationen: www.die-luebecker-museen.de

Willy-Brandt-Haus
Königstraße 21
23552 Lübeck
Öffnungszeiten:
Januar bis März: dienstags bis sonntags 11–17 Uhr,
April bis Dezember: täglich 11–18 Uhr.
Weitere Informationen: www.willy-brandt-lübeck.de

Günter-Grass-Haus
Glockengießerstraße 21
23552 Lübeck
Öffnungszeiten:
Januar bis März: dienstags bis sonntags 11–17 Uhr,
April bis Dezember: täglich 10–17 Uhr.
Weitere Information: www.die-luebecker-museeen.de

Katharinenkirche
Katharineum
Königstraße 27
23552 Lübeck
Öffnungszeiten:
April bis September: freitags bis sonntags 10–17 Uhr.
Weitere Informationen: www.die-luebecker-museen.de

Museum Behnhaus/Drägerhaus
Königstraße 9–11
23552 Lübeck
Öffnungszeiten:
Januar bis März: dienstags bis sonntags 11–17 Uhr,
April bis Dezember: dienstags bis sonntags 10–17 Uhr.
Weitere Informationen: www.die-luebecker-museen.de

Museum Holstentor
Holstentorplatz
23552 Lübeck
Öffnungszeiten:
Januar bis März: dienstags bis sonntags 11–17 Uhr,
April bis Dezember: dienstags bis sonntags 10–17 Uhr.
Weitere Information: www.die-luebecker-museen.de

Kirche St. Marien
Marienkirchhof
23552 Lübeck
Öffnungszeiten:
1. April – 3. Oktober: täglich 10–18 Uhr
4.–31. Oktober: täglich 10–17 Uhr
1. November – 31. März: täglich 10–16 Uhr
Weitere Informationen: www.st-marien-lübeck.de

▆ Literatur

Heinrich Mann: Studienausgabe in Einzelbänden, hrsg. von
Peter-Paul Schneider. Frankfurt a. M. 1986 ff.
Thomas Mann: Gesammelte Werke in Einzelbänden. Frankfurter Ausgabe, hrsg. von Peter de Mendelssohn. Frankfurt a. M.
1980 ff.
Thomas Mann – Heinrich Mann: Briefwechsel 1900–1949, hrsg.
von Hans Wysling. Frankfurt a. M. 1995.

Klaus Harpprecht: Thomas Mann. Eine Biografie. Reinbek 1995.
Helmut Koopmann: Thomas Mann – Heinrich Mann. Die un-
gleichen Brüder. München 2005.
Willi Jasper: Der Bruder – Heinrich Mann. Eine Biografie.
Frankfurt a. M. 1994.
Thomas Klugkist: 49 Fragen und Antworten zu Thomas Mann.
Frankfurt a. M. 2005.
Marianne Krüll: Im Netz der Zauberer. Eine andere Geschichte
der Familie Mann. Frankfurt a. M. 1994.
Hermann Kurzke: Thomas Mann. Das Leben als Kunstwerk.
Biografie. München 2006.
Ders.: Thomas Mann. Ein Portrait für seine Leser. München
2009.
Viktor Mann: Wir waren fünf. Bildnis der Familie Mann.
Frankfurt a. M. 1994.

Gotthold Ephraim Lessing
(1729–1781)

Der Meister der Kritik
in Wolfenbüttel

In Wolfenbüttel bei Braunschweig, einer Stadt mit einem prachtvollen Zentrum voller barocker Fachwerkhäuser, steht auf dem alten Marktplatz ein ungewöhnliches Denkmal. Denn das überlebensgroße Herrscherdenkmal zeigt Herzog August den Jüngeren (1579–1666) nicht heroisch vom Rücken seines Pferdes hinabblickend, wie es bei Standbildern der wilhelminischen Zeit zu erwarten ist. Der Herzog lässt stattdessen sein Ross friedlich an der Tränke laben und schaut, lässig an den Sattel gelehnt, den Betrachter des Denkmals nachdenklich an. Diese friedliche Pose passt zum ehemaligen Herrscher von Wolfenbüttel. Auf kriegerische Einsätze legte er wenig Wert und von politischem Gewicht war er auch nicht. Schon früh vertiefte er sich in Bücher, studierte an Universitäten und legte nach und nach eine stattliche Sammlung von Büchern und Handschriften aus ganz Europa an. Am Ende seines Lebens zählte der Bestand rund 35 000 Bände mit rund 135 000 Titeln. Seine einmalige Bibliothek wurde von Besuchern als achtes Weltwunder bezeichnet.

Der Platz vor der Bibliothek heißt heute Lessingplatz. Wie vor ihm schon Gottfried Wilhelm Leibnitz zog 1770 Gotthold Ephraim Lessing, der Gelehrte und berühmteste Theaterdichter seiner Zeit, als Bibliothekar der Fürstenbibliothek in das Provinzstädtchen, wo er bis zu seinem Tod blieb. Heute ist die Bibliotheca Augusta eine Forschungs- und Bildungsstätte für das Mittelalter und die frühe Neuzeit, die bei Wissenschaftlern der ganzen Welt renommiert ist. Dem Touristen stehen die prächtigen Ausstellungsräume offen. Gleich am Eingang wird der Besucher vom Anblick eines Saals überwältigt, vor dessen hohen Wänden rundherum und fast bis zum Deckengewölbe schwere Folianten aus alter Zeit gereiht sind. Auch in den anderen Sälen steht Buchdeckel an Buchdeckel. Glasvitrinen laden dazu ein, einzelne Werke genauer in Augenschein zu nehmen. Farbenprächtige mittelalterliche Handschriften oder Kupferstiche barocker Titelillustrationen mit wie gedrechselt wirkenden Lettern erinnern an eine ferne, vormoderne Geisteswelt. Ein mannshohes Bücherrad des Bibliotheksgründers führt eine zeitgenössische Technik vor Augen, um besonders große und schwere Bücher vorsichtig zu bewegen. Im Globensaal lässt sich anhand originaler Karten das geografische Bild der Erde nach Ausklang des Mittelalters nachvollziehen. Eine farbige Handzeichnung auf Pergament aus dem Jahre 1510 zeigt ungewohnt dargestellt, aber weitgehend korrekt die Küsten des Indischen Ozeans. Wer länger in Wolfenbüttel Station macht, für den mag sich eine Anmeldung im Lesesaal lohnen, mit der man die alten Bücher auch einmal durchblättern darf, mit großer Sorgfalt versteht sich.

Das heutige Gebäude, in dem diese Schätze aufbewahrt werden, hat Lessing nicht mehr gekannt. Es wurde erst 1887 errichtet, nachdem das ursprüngliche Haus, baufällig geworden, abgerissen werden musste. Das Wolfenbütteler Schloss jedoch, das der Bibliothek schräg gegenüber liegt, ist noch im originalen Zustand. Lessing zog ins zweite Stockwerk ein, nachdem die Herzogsfamilie ihn als Bibliothekar gewonnen hatte. Der freie Schriftsteller befand sich trotz aller Erfolge stets in Geldnöten und sah in Wolfenbüttel die Chance, endlich zu einem geregelten Einkommen zu gelangen. Zudem kannte er die Bibliotheca Augusta von einer früheren Reise und war als passionierter Bücherfreund, der selber zeitweilig eine wertvolle Sammlung zusammengetragen hatte, von ihr begeistert. Allerdings minderte sich die Begeisterung im Lauf der Jahre. Denn Wolfenbüttel war nicht mehr das glanzvolle Kulturzentrum, das es zu Zeiten des Herzogs August und seiner direkten Nachkommen gewesen war. Die Herrscherfamilie hatte in den 1750er Jahren ihren Hofstaat ins benachbarte Braunschweig verlegt, weshalb viele Menschen Wolfenbüttel verließen und es kulturell verödete. Das Schloss stand seit dem Weggang des Hofs weitgehend leer. Eine der letzten Adligen, die im Schloss geboren worden waren, war Prinzessin Anna Amalia (1739–1807). Aber auch sie verließ es. Und daher steht jene Bibliothek, die heute nach ihr benannt ist, nicht in Wolfenbüttel, sondern in Weimar. Denn nach ihrer Heirat trug sie dort als regierende Herzogin maßgeblich zum Ausbau der berühmten Bibliothek bei, die später auch Goethe leitete. Dabei hat sie sich zweifellos an der heimischen Bibliothek in Wolfenbüttel orientiert, denn diese war bis dahin die einzige Hofbibliothek mit einem separaten Gebäude und einer relativ großen Eigenständigkeit gewesen.

Die markante rot-weiße Barockfassade, Brüstungen mit üppigen Figuren und ein prunkvolles Portal verleihen dem Schloss etwas Märchenhaftes. Im Innern befindet sich neben dem Schlossgymnasium ein weiträumiger Museumstrakt, der vor allem die barocke Einrichtung zeigt, als die Herzoge hier noch residierten. Die Säle sind mit feinem Stuck und farbigen Wand- oder Deckenmalereien reich verziert; im ehemaligen Audienzsaal des Herzogs steht, in roten Stoff geschlagen, der Thron; und gleich nebenan liegt das Schlafgemach mit gelb leuchtendem Himmelbett. Die Herzogin verfügte über eigene Vor- und Hauptzimmer, die mit schweren Bildern und Accessoires üppig ausgestattet sind. Neben dieser adeligen Prachtentfaltung können die Besucher bei ihrem weiteren Rundgang auch den bescheideneren Geschmack der bürgerlichen Wohnkultur späterer Zeit besichtigen. Lessing wird wohl, als er im Schloss immerhin fünf Räume mit Mobiliar zugeteilt bekam, in ähnlicher Weise gewohnt haben.

Der bibliophile Literat, der seine eigene Büchersammlung in finanzieller Not hatte verkaufen müssen, kümmerte sich um die Ordnung der großen Buchbestände und veröffentlichte Funde und Betrachtungen in einer bibliothekarischen Zeitschrift, die er selber gegründet hatte. Daneben widmete er sich seinem dichterischen Schaffen. In den Jahren 1771/72 verfasste er hier sein noch heute viel gespieltes und gelesenes Drama „Emilia Galotti".

Im Mittelpunkt des Stücks steht, im Italien der Renaissancezeit, die Tochter eines Obersten in einem absolutistischen Fürstentum. Der Fürst hat ein Auge auf die bürgerliche Emilia geworfen und würde das tugendhafte Mädchen, das kurz vor der Hochzeit steht, gerne zu seiner Mätresse machen. Um die Hochzeit zu verhindern, verstrickt er sein Opfer immer tiefer in ein undurchsichtiges Ränkespiel, das seinen Höhepunkt in der Ermordung von Emilias Bräutigam findet. Lessings Stück ist eine beißende Anklage gegen adlige Willkür. Andererseits stellt Lessing dem Adel jedoch nicht einfach eine idealisierte bürgerliche Welt gegenüber, sondern thematisiert auch deren Konflikte, die für den Einzelnen vor allem aus den rigorosen moralischen und emotionalen Ansprüchen entstehen. Emilias Vater, der Oberst, tritt als prinzipienstarrer Tugendwächter auf, der zu Frau und Kind ein kühles Verhältnis ohne Vertrauen pflegt. Emilia spürt seinen Druck nicht weniger als den des Fürsten. Man mag auch eine Skepsis Lessings gegenüber einem einsinnigen Rationalismus und Optimismus darin erkennen, dass die Handlung durch einer Reihe von Zufällen und Fehlentscheidungen vorangetrieben wird.

Lessing war schon früh als Gesellschaftskritiker hervorgetreten. Geboren 1729 im sächsischen Kamenz, wo sich heute ein sehenswertes Lessingmuseum befindet, schrieb er schon als Theologiestudent in Leipzig und später als Journalist in Berlin Lustspiele, die sich nicht wie damals häufig üblich über gesellschaftliche Außenseiter lustig machten, sondern sich mit der Gesellschaft selbst und ihren Vorurteilen und Mentalitäten auseinandersetzten. So führt er in seinem Stück „Die Juden" (1749) den verbreiteten Antisemitismus seiner Zeit ad absurdum. Auch später setzte sich Lessing, der mit Moses Mendelssohn eng befreundet war, für die Gleichberechtigung von Juden im öffentlichen Leben ein. Lessings Kritik galt auch dem eigenen Milieu. In seiner frühen Komödie „Der junge Gelehrte" (1747) nimmt er lustvoll den bildungsbeflissenen Wissenschaftler aufs Korn, der zwar im Sinne der Aufklärung wirken will, aber aus Dünkel den selbst gesteckten Zielen nicht gerecht wird. Mangelnde Natürlichkeit in den menschlichen Beziehungen und falsche Ehrbegriffe sind Themen seines empfindsamen Stücks „Miss Sara Sampson" (1755), mit dem er das Bürgerliche Trauerspiel in Deutschland einführte, und der späteren Komödie „Minna von Barnhelm" (1765). Lessing beabsichtigte mit seinen Stücken das Publikum durch Lachen, Mitleid und Furcht zu Nachdenklichkeit, vernünftiger Einsicht und humanem Verhalten zu bewegen.

Lessings war vor dem Auftreten Immanuel Kants der herausragende Vertreter der Aufklärung in Deutschland, deren

Anfänge ins 17. Jahrhundert zurückreichen. Zu den frühen Aufklärern gehörten der Gelehrte Christian Thomasius (1655–1728), der die Trennung von Staat und Kirche forderte, und der Philosoph Christian Wolff (1679–1754), der seine Ethik nicht mehr in der Religion, sondern in der Vernunft gründete. Teilweise beeinflusste die Aufklärung auch absolutistische Herrscher wie den Preußenkönig Friedrich den Großen (1712–1786), der die Folter verbot und Religionsfreiheit gewährte. Während allerdings der französische Aufklärer Voltaire zeitweise am Potsdamer Hof residierte, schlug sich Lessing bis zu seiner Zeit in Wolfenbüttel zumeist als freier Autor mehr schlecht als recht durch. Man kann in ihm einen Vorläufer moderner Intellektueller sehen. Seine prekäre Situation hielt ihn nicht von vielen kritischen Interventionen in der Öffentlichkeit ab, so wie ihn später seine Anstellung am Hof in Wolfenbüttel auch nicht am Verfassen des adelskritischen Stücks Emilia Galotti hinderte.

Vier Jahre nach Fertigstellung der Emilia Galotti, die auf der Bühne ein großer Erfolg wurde und Lessings Ruhm mehrte, zog der Autor innerhalb Wolfenbüttels um. Zunächst in das stattliche Meißnerhaus direkt am Schlossplatz, worauf heute eine Stele am Eingang hinweist, und ein Jahr später, Mitte 1777, in ein geräumiges Haus mit Atrium. Es liegt genau zwischen Bibliothek und Schloss und ist heute das Museum „Lessinghaus". Das Gebäude mit gelben Wänden, grünen Fensterläden und roten Ziegeln erregt schon rein optisch Aufmerksamkeit. Die Ausstellung zeigt Lessings Schachtisch, Ausgaben seiner Schriften und Informationsstelen mit kurz gefassten Erläuterungen zu Lessings Wirken in Wolfenbüttel. Ein großes Ölgemälde springt dem Besucher ins Auge. Es zeigt die Hamburger Kauffrau Eva König in einem festlichen Kleid. Mit ihr verlobte sich der Junggeselle 1771. Nach der Rückkehr von einer Italienreise als Begleiter des Prinzen Leopold von Braunschweig heiratete er sie 1776 und bezog mit den drei Kindern aus ihrer ersten Ehe das heutige Lessinghaus. Dort lebten sie jedoch nur wenige Monate zusammen, denn Ende des Jahres starb gleich nach der Geburt zunächst ihr gemeinsamer Sohn, dann Eva Lessing selbst. Lessing war tief getroffen. Das Eheglück, das sich der rastlose Schriftsteller nach eigenem Bekunden gewünscht hatte, war ihm nicht vergönnt.

Zu dieser Zeit hatte sich der streitlustige Lessing in eine theologische Fehde begeben, die von äußerster persönlicher Schärfe gekennzeichnet war. In seiner Bibliothekszeitschrift hatte er 1774 begonnen, ausgewählte Fragmente eines bibelkritischen Werkes zu publizieren, das in Wahrheit gar nicht aus der Bibliotheca Augusta stammte, sondern aus der Feder des verstorbenen Hamburger Gelehrten Reimarus. Mittels dieser Fragmente und eigener Kommentare wollte Lessing eine Diskussion über Kirche, Glauben und Aufklärung herausfordern, auch wenn er Reimarus' rationalistische Kritik selbst nicht unbedingt teilte. Aus den Stimmen der empörten Gegenredner kristallisierte sich der Hamburger Hauptpastor Johann Melchior Goeze als Wortführer heraus. Angriffe und Gegenangriffe wechselten in rascher Folge. Lessing selbst vertrat dabei den Standpunkt, dass die Bibel nur ein zeitbedingter Ausdruck des religiösen Gefühls gewesen sei und dass Religion sich mit der menschlichen Entwicklung ebenfalls weiter entwickle. Es komme also nicht auf den Ausdruck, sondern auf den inneren Kern der Religion an. Goeze hingegen verteidigte den offiziellen Standpunkt, der auf dem Offenbarungscharakter der Bibel bestand und diesen als notwendiges Fundament des Christentums ansah. Dabei ärgerte ihn nicht wenig, dass Lessing die Diskussion öffentlich führte und nicht, wie unter Gelehrten üblich, in lateinischer Sprache im kleinen Kreis. Lessing aber suchte bewusst die Öffentlichkeit, blutleere Buchgelehrsamkeit erregte seinen Widerwillen. Der Streit eskalierte so sehr, dass Lessing in den Ruch des Atheismus geriet und sein Brotherr, der Herzog, ihm schließlich die Fortsetzung der Fehde untersagte.

Lessing reagierte, indem er ein Theaterstück schrieb, das heute als sein geistiges Vermächtnis gilt: „Nathan der Weise". Darin führt er im Jerusalem zur Zeit der Kreuzzüge lehrstückartig Vertreter der drei Weltreligionen zusammen. Der muslimische Sultan Saladin, der einen jungen christlichen Tempelritter vor der Hinrichtung bewahrt hat, weil dieser Ähnlichkeit mit seinem verschollenen Bruder aufweist, stellt dem Juden Nathan eine Frage, die das geistige Zentrum des Stücks bildet: Welche der drei Religionen ist die richtige? Nathan ist ein Kaufmann, der sich ganz im Sinne Lessings durch vernünftiges Denken und humane Haltung auszeichnet. Er antwortet mit einem Gleichnis, das als „Ringparabel" in die Geistesgeschichte eingegangen ist: Ein Ring, der die Eigenschaft besitzt, den Träger Gott und den Menschen angenehm zu machen, wird über die Generationen vom Vater an den jeweils liebsten Sohn vererbt. Als er sich am Finger eines Vaters befindet, dem alle drei Söhne gleich lieb sind, lässt dieser den Ring zweimal nacharbeiten und schenkt jedem der Söhne ein Exemplar. Als die Söhne das bemerken, ziehen sie vor einen Richter, der entscheiden soll, wer den wahren Ring trägt. Der Richter spricht folgendes Urteil:

> Es eifre jeder seiner unbestochnen
> Von Vorurteilen freie Liebe nach!
> Es strebe von euch jeder um die Wette,
> Die Kraft des Steins in seinem Ring' an Tag

Zu legen! komme dieser Kraft mit Sanftmut,
Mit herzlicher Verträglichkeit, mit Wohltun,
Mit innigster Ergebenheit in Gott
Zu Hilf'! Und wenn sich dann der Steine Kräfte
Bei euern Kindes-Kindeskindern äußern:
So lad' ich über tausend tausend Jahre
Sie wiederum vor diesen Stuhl.

Die drei Söhne des Gleichnisses entsprechen den drei Religionen. Dem Spruch des Richters zufolge zählt nicht die unterschiedliche Gestalt der Religionen, sondern nur das, was sie zu Humanität und Frieden unter den Menschen beitragen. Und ganz im Sinne des Gleichnisses erkennen sich am Ende des Stücks die Protagonisten als Verwandte. Lessing schrieb zum ersten und einzigen Mal ein Stück in Blankversen, fünfhebigen reimlosen Versen, vielleicht um mit der poetischen Form den utopischen Charakter zu unterstreichen. Er erlebte die Aufführung des Stücks, das als Aufruf zur Toleranz von immerwährender Aktualität bleibt, selbst nicht mehr. Er starb im Februar 1781 in der Nachbarstadt Braunschweig, wo man ihn auch zu Grabe trug. Derselbe Bildhauer, der später das bekannte Goethe-Schiller-Doppeldenkmal in Weimar gestaltete, setzte ihm 1853 in Braunschweig am heutigen Lessingplatz ein großes Standbild.

▓ Adressen

Herzog August Bibliothek
Museum im Lessinghaus
Lessingplatz 1
38304 Wolfenbüttel
Öffnungszeiten:
Dienstags bis sonntags 11–17 Uhr.
Weitere Informationen: www.hab.de

Schloss Wolfenbüttel
Schlossplatz 13
38304 Wolfenbüttel
Öffnungszeiten:
Dienstags bis sonntags 10–17 Uhr.

▓ Literatur

Gotthold Ephraim Lessing: Dramen, hrsg. von Kurt Wölfel.
Frankfurt a. M. 1983.

Wilfried Barner/Gunter Grimm/Helmuth Kiesel/Martin Kramer:
Lessing. Epoche – Werk – Wirkung. München 1981.
Monika Fick: Lessing-Handbuch. Leben – Werk – Wirkung.
Stuttgart 2010.
Willi Jasper: Lessing. Berlin 2006.
Hugh Barr Nisbet: Lessing. Eine Biografie. München 2008.
Paul Raabe: Spaziergänge durch Lessings Wolfenbüttel. Zürich
und Hamburg 1997.
Jan-Philipp Reemtsma: Lessing in Hamburg. München 2007.

Johann Wilhelm Ludwig Gleim
(1718–1803)

Freundschaftskult und
Briefkultur in Halberstadt

Auch für den Ortsunkundigen ist es leicht, das Gleimhaus in Halberstadt zu finden. Denn es liegt in der Mitte der Stadt gleich beim gotischen Dom St. Stephanus und Sixtus. Genauer gesagt: Das ehemalige Wohnhaus von Johann Wilhelm Ludwig Gleim grenzt unmittelbar an den Dom, denn der Poet und „Dichtervater" für viele junge Talente war im Hauptberuf Domsekretär. Der Jurist kümmerte sich vornehmlich um die Finanzen und Liegenschaften der Kirche, was dem zuvor darbenden Studenten einen angenehmen Wohlstand sicherte. Gleim, der als achtes Kind eines Steuereinnehmers bei Aschersleben im Harz geboren worden war, hatte bereits mit 16 Jahren seine Eltern verloren und nur mit großzügiger Unterstützung von Freunden die Schule beenden und studieren können. Nach dieser entbehrungsreichen Zeit und den anschließenden Tätigkeiten als Hauslehrer und Sekretär bei verschiedenen Adligen fand Gleim 1747, mit 28 Jahren, in Halberstadt endlich seine Lebensstellung am Domkapitel. Und er fand sein „Hüttchen", sein Haus, das er zu einem Magneten des Kulturlebens ausgestaltete.

Das Fachwerkhaus, um 1600 entstanden, ziert über dem früheren Eingang eine große eiserne Gedenktafel für den berühmten ehemaligen Besitzer. Der heutige Eingang jedoch ist das Portal des benachbarten Neubaus. Dieser beherbergt eine bedeutende Forschungsstätte zur Geschichte und Kultur des 18. Jahrhunderts, die dem Museum angegliedert ist. Im Keller des alten Fachwerkbaus kann der Besucher freigelegte Überreste frühmittelalterlicher Bebauung betrachten. Im Erdgeschoss beginnt der eigentliche Ausstellungsrundgang durch das zweistöckige Wohnhaus. Gleich zu Beginn stößt man auf ein zentrales Thema des Museums: die Briefkultur des 18. Jahrhunderts, die in Exponaten und Erklärungstafeln anschaulich erläutert wird. Der briefliche Austausch nahm im 18. Jahrhundert eine vorher nicht gekannte Bedeutung an und wurde zunehmend als literarische Gattung gestaltet. Ludwig Gleim hat im Laufe seines Lebens über 10 000 Briefe gesammelt und damit eine der umfangreichsten und aufschlussreichsten Briefsammlungen der Epoche hinterlassen. Seine Korrespondenzpartner waren Schriftsteller und Gelehrte vor allem des mittel- und norddeutschen Raumes, darunter berühmte Namen wie Johann Gottfried Herder, Gotthold Ephraim Lessing oder Matthias Claudius. Gleim, der sein Leben lang Junggeselle blieb, schrieb und sammelte nicht nur leidenschaftlich Briefe, sondern beabsichtigte, den Briefstil der Deutschen zu verbessern und zu kultivieren. Statt ungelenker Kanzleisprache und unpersönlichen, vorgestanzten Wendungen, wie sie im Barock vielfach üblich waren, bevorzugte er einen schwungvollen, eleganten und persönlichen Ton. Aus seinem pädagogisch-literarischen Anspruch heraus waren einige Korrespondenzen zur späteren Veröffentlichung vorgesehen und – so darf man annehmen – auch im Hinblick darauf verfasst worden. Die Brieflektüre zu dieser Zeit blieb ohnehin vielfach kein persönliches Geheimnis, denn Briefe, insbesondere gelehrten Inhalts, wurden oft zur Unterhaltung und zum geistigen Austausch in geselliger Runde vorgetragen.

In Gleims Haus versammelten sich solche Gesellschaften in einem von ihm „Freundschaftszimmer" genannten Raum. Der Begriff der Freundschaft war der zentrale Anker im Denken und Fühlen Gleims und vieler seiner Weggefährten. Der gewaltige Umfang seines Briefwechsels zeugt vom dichten Freundesnetz, das er geknüpft hatte und stetig erweiterte. Erschien Gleim ein junger Dichter talentiert, so schrieb er ihm und bot ihm seine Freundschaft an. Besonders in seiner zweiten Lebenshälfte förderte „Vater Gleim" viele Talente, sendete ihnen Geld oder sorgte für Publikations- und Verdienstmöglichkeiten. Über die Briefe hinaus kannte er durch Besuche viele der bedeutendsten Geister der Zeit aber auch persönlich. So empfing Gleim in seinem Haus neben vielen anderen Intellektuellen Herder, Lessing und Christoph Martin Wieland. Er selber besuchte auf Reisen Goethe und Schiller in Weimar, Klopstock und Claudius in Hamburg.

Jenes Freundschaftszimmer lag im ersten Stock, und der Raum vermittelt noch heute auf atemberaubende Weise einen Eindruck von den zahlreichen brieflichen und persönlichen Kontakten. Steigt der Besucher über eine schmale, steile Treppe nach oben, eröffnet sich ihm ein unglaubliches Panorama: Dicht an dicht hängen an den Wänden Bildnisse der Freunde. An die 130 Gemälde hat Gleim anfertigen oder sich schenken lassen. Nach und nach hängte er sie neben- und untereinander, bis sein Freundschaftszimmer nicht mehr ausreichte und die Porträtgalerie um die nebenliegenden Zimmer erweitert werden musste. Friedrich Nicolai, Wilhelm Heinse und Gottfried Seume, Literaten der Zeit, sind hier verewigt, ebenso Johann Heinrich Voß, der bis heute anerkannte Homer-Übersetzer. Auch die Gesichter des Malers Johann Heinrich Tischbein d. Ä. und des Zeichners Daniel Chodowiecki, der viele Buchausgaben des 18. Jahrhunderts illustrierte, finden sich in der Galerie. Einen zentralen Platz nimmt das Porträt des Aufklärers und Dramatikers Gotthold Ephraim Lessing ein. Im gleichen Raum haben die Abbildungen Johann Gottfried Herders, des damaligen Dichterfürsten Friedrich Klopstock und des großen Romanciers Jean Paul ihren Platz gefunden. Auch Gleims junger Dichterfreund Gottfried August Bürger ist mit einem Porträt zu finden. Im unweit gelegenen Bürger-Museum, im Harzdorf Molmerswende, ist davon eine Kopie zu sehen. Und nicht zuletzt hat der Hausherr sein eigenes Konterfei für die Nachwelt erhalten lassen. Das Bild hängt in der Mitte des zweiten Raumes, an der sogenannten „Gleim-Wand".

Für Gleim bot diese Galerie die Möglichkeit, seine Freunde im Angesicht zu sehen, auch wenn er wegen der mühseligen Reisemöglichkeiten meist nur brieflich mit ihnen verkehren konnte. Die literarische Welt des 18. Jahrhunderts war von der „Empfindsamkeit" geprägt, einer zur Aufklärung gehörenden Kulturströmung, die anstelle des Rationalismus das sittlich-moralische Empfinden zur wesentlichen Tugend des selbständigen Menschen erklärte. Vor dem Hintergrund des verspielten Rokokos und einer teilweise rührseligen Selbsterforschung wurden schwärmerische Freundschaften gepflegt, in denen man die eigene Gefühlswelt offenbaren konnte. Es entstand ein regelrechter Kult um die Freundschaft. Im Freundeskreis wurde eine Gegenwelt der Gleichheit und gegenseitigen Anerkennung gesucht, die der Welt des adligen Standesdünkels und der bürgerlichen Ohnmacht entgegengesetzt wurde. Mit Pflege dieser nicht auf Verwandtschaft, sondern Freundschaft beruhenden Netzwerke korrespondiert der Aufschwung der Briefkultur. Auch die Porträtmalerei erlebte unter diesen Bedingungen einen neuen Schwung und verfeinerte sich, was man nicht zuletzt im Freundschaftszim-

mer erleben kann. Gleim machte sein Haus zu einem Freundschaftstempel und er versuchte darüber hinaus, Halberstadt
zu einem literarischen Zentrum in Deutschland zu erheben,
was ihm jedoch nicht gelang.

Die Gegenwelt der Freundschaftskultur spiegelt sich in ge-
wisser Weise in jener von Gleim und anderen erdichteten hei-
teren Welt, die ebenfalls dem höfischen Zwang wie auch dem
bürgerlichen Nützlichkeitsdenken entrückt sein wollte. Diese
Lyrik ist mit Bezug auf den antiken Dichter Anakreon von
Teos als „Anakreontik" in die Literaturgeschichte eingegangen. Schon als Student in Halle schloss Gleim enge Freundschaft mit gleichgesinnten, literarisch ambitionierten Kom-
militonen. Sie bildeten in der Saalestadt einen Kreis junger
Poeten, die die liebes- und weinselige Lyrik des antiken Autors sowie Verse, die ihm zugeschrieben wurden, ins Deutsche übersetzten und sich gegenseitig vortrugen. Schließlich
schrieben sie eigene Werke nach dem Vorbild des antiken
Meisters. Diese Gedichte sind Hymnen der Lebensfreude,
verfasst in leichtem, tändelnden Ton. Sie kreisen um die stets
wiederkehrenden Themen Liebe, Weingenuss, Geselligkeit
und Freundschaft. Antike mythische Figuren wie Bacchus,
der Gott des Weines, und Amor, der Liebesbote, sowie Nym-
phen und Fabelwesen bilden das Personenensemble, idyl-
lisch-unwirkliche Schäferlandschaften den häufigen Schauplatz der Gedichte.

Amor und die Musen

Amor und die Musen
Gehn beisammen, seht
Wie so sittsam
Amor mit den Musen geht!

Amor sieht ein Blümchen,
Sieht's im Morgenthau,
Bückt sich nach dem Blümchen
Weiß und himmelblau.

Pflückt's und bringst's den Musen
Und besieht's und spricht
„Ach, ihr meine Lieben,
Ach, vergesst mich nicht!"

Götter neckt er, keinen
Lässt er ungeneckt:
Hat er in das Blümchen
Einen Pfeil versteckt?

Anklänge an eine naiv-harmlose Kindersprache, idyllische Naturbeschreibung und der Auftritt symbolisch-abstrakter Figuren sind verbunden mit Anspielungen auf amouröse Abenteuer, wie das Motiv der gepflückten Blume. Ein ironischer Ton gilt moralischen Konventionen, zugleich bezieht das Gedicht seine Spannung daraus, dass es bei aller verspielten Erotik beim Annähern und Hoffen bleibt.

Nach dem Erfolg dieser Gedichte verfasste Gleim eine Reihe Kriegslieder, die 1757 anonymisiert herausgegeben wurden. Die „Preußischen Kriegslieder von einem Grenadier" fallen in die Zeit des Siebenjährigen Krieges (1756–63) und erweckten durch ihren bewusst volkstümlichen Charakter den unzutreffenden Eindruck, sie seien von Soldaten geschrieben und gesungen worden. Auch die Lieder waren ein großer Erfolg, der auf der Begeisterung für den Preußenkönig Friedrich II. und seinen Sieg aufbaute. Gleim schuf daneben Dichtungen im Stile des Bänkelsangs, welche die von Gottfried August Bürger später ausgearbeiteten Kunstballaden vorbereiteten. Gleim schrieb auch Fabeln und Sinngedichte. Darin zeigte er sich, wenn auch Gegner der Französischen Revolution, der Aufklärung verpflichtet und wollte zur Belehrung der Mitwelt beitragen, ohne dass er dabei jedoch die Meisterschaft Lessings oder Christian Fürchtegott Gellerts erreichen konnte. Gleim kam immer wieder auf seine anakreontische Lyrik und Kriegslieder zurück, doch konnte er an die anfänglichen Erfolge nicht mehr anknüpfen. Heute sind Gleims Gedichte meist in Anthologien und Lesebüchern zu finden, das Interesse an seinem Gesamtwerk ist gering.

Im Gedächtnis der Nachwelt blieb er vor allem als Wegbereiter einer stilvollen Briefkultur und unermüdlicher Förderer vieler literarischer Talente. Neben seiner Briefsammlung hat er eine umfangreiche Bibliothek von weit über 10 000 Bänden hinterlassen. Diese im Gleimhaus aufbewahrte Sammlung ist wohl eine der größten bürgerlichen Privatbibliotheken des 18. Jahrhunderts. Ihre inhaltliche Spannweite von in- und ausländischer Belletristik über Bibeln und Atlanten bis zu Kochbüchern zeugt vom Bildungsbedürfnis des aufstrebenden Bürgertums in der Zeit des Spätfeudalismus und der Aufklärung. Eine eigentümliche Erfindung Gleims rundet die Besichtigung des Museums ab: ein Lese- und Schreibsessel mit integriertem Pult und Schubfächern, der sich leicht in jede gewünschte Ecke des Zimmers stellen lässt. Er verspricht Bequemlichkeit beim Schreiben und Lesen, und der Besucher kann beim Museum eine Nachbildung für den eigenen Gebrauch in Auftrag geben.

Wer aus dem Literaturmuseum tritt, steht gleich vor dem Halberstädter Dom, einem der bedeutendsten gotischen Bauten in Deutschland. Hervorstechend sind die Glasmalereien aus dem 14. Jahrhundert in der Marienkapelle, die Szenen aus dem Leben Jesu und dem Alten Testament in prächtigen

Farben darstellen. Der Domschatz birgt einzigartige sakrale Kunstwerke des Mittelalters, darunter einen mit Elfenbein verzierten Buchdeckel aus dem 10. Jahrhundert und große Wirkteppiche, die zu den ältesten der Welt zählen. Über die Gründung des Bistums Halberstadt im Jahre 804 informiert das Städtische Museum, das wie das Gleimhaus direkt am Dom liegt. Darin findet sich neben der Landesgeschichte auch eine zeitgeschichtlich interessante Fotoausstellung, die die Sanierung der Halberstädter City nach dem Ende der DDR in den einzelnen Bauabschnitten nachvollzieht. Abgerundet wird die Besichtigung des Domplatz-Ensembles durch die reiche und vielfältige vogelkundliche Sammlung im Naturkundemuseum Heineanum, gleich neben dem Gleimhaus.

■ Adressen

Gleimhaus
Domplatz 31
38820 Halberstadt
Öffnungszeiten:
Mai bis Oktober: dienstags bis freitags 9–17 Uhr, samstags und sonntags 10–16 Uhr,
November bis April: dienstags bis freitags 9–16 Uhr, samstags und sonntags 10–16 Uhr.
Weitere Informationen: www.gleimhaus.de

Dom und Domschatz
Öffnungszeiten:
April bis Oktober: dienstags bis freitags 10–17.30 Uhr, samstags 9–18 Uhr, sonntags und feiertags 11–17.30 Uhr.
Montags ist nur der Dom geöffnet: 10–17.30 Uhr.
November bis März: dienstags bis samstags 10–16 Uhr, sonntags und feiertags 11–16 Uhr.
Weitere Informationen: www.dom-und-domschatz.de

Städtisches Museum
Domplatz 36
38820 Halberstadt
Öffnungszeiten:
Dienstags bis freitags 9–17 Uhr, samstags und sonntags 10–17
Uhr.

Naturkundemuseum Heineanum
Domplatz 36
38820 Halberstadt
Öffnungszeiten:
Dienstags bis freitags 9–17 Uhr, samstags und sonntags 10–17
Uhr.

■ **Literatur**

Johann Wilhelm Ludwig Gleim: Gedichte, hrsg. von Jürgen
Stenzel. Stuttgart 1969.
Siehe auch die Internet-Sammlung „Die deutsche Gedichtebi-
bliothek" unter: www.gedichte.xbib.de

Horst Scholke: Gleimhaus. Halberstadt 1995. (Im Gleimhaus
erhältlich.)
Diana Stört/Ute Pott (Hrsg.): Gleim-Lesebuch. Halberstadt 2004.
(Im Gleimhaus erhältlich.)
Jürgen Stenzel: Johann Wilhelm Ludwig Gleim. In: Gunter
E. Grimm/Frank Rainer Max (Hrsg.), Deutsche Dichter, Bd. 3,
Stuttgart 1990, S. 135–140.

Friedrich Gottlieb Klopstock (1724–1803)

Der Wegbereiter der deutschen Klassik aus Quedlinburg

Das Elternhaus Friedrich Gottlieb Klopstocks liegt am Fuß des Schlossbergs in Quedlinburg, dem Tor zum Harz. Es wurde um das Jahr 1560 erbaut und vom Großvater des Dichters, einem Juristen, 1702 erworben. Es steht in einer Reihe uralter Fachwerkhäuser, und wenn der Besucher vom Platz vor dem Schlossberg auf das heutige Museum blickt, kann er sich kaum sattsehen an den farbenfrohen Fassaden des niedersächsischen Fachwerkbaus. Die ganze Altstadt von Quedlinburg, die von den Zerstörungen des Zweiten Weltkriegs verschont blieb, erweckt mit ihren faszinierenden historischen Bauten den Eindruck, als sei die Zeit stehen geblieben. Doch Stillstand ist eigentlich das falsche Wort, denn bei einem Rundgang durch die historische Innenstadt kann der Besucher die Entwicklung des Fachwerkbaus vom späten Mittelalter bis ins 17. Jahrhundert abschreiten. Hier befindet sich auch das wohl älteste Fachwerkhaus Deutschlands, ein Ständerbau aus dem 14. Jahrhundert. Es steht an der Wordgasse, nicht weit vom Klopstockhaus, und beherbergt heute ein Fachwerkmuseum. Ebenfalls ein Magnet für Stadttouristen ist das alte Rathaus am Marktplatz mit seiner reich verzierten Renaissancefassade. Ganz links vor der Fassade steht eine monumentale Rolandstatue, die aus der Zeit vor Mitte des 15. Jahrhunderts stammt.

Der Schlossberg, für Touristen neben der Altstadt die zweite Hauptattraktion einer Quedlinburg-Reise, bietet das beeindruckende Schloss, das städtische Museum und einen weiten Ausblick über die Dächer der Stadt. Die berühmte, zum Schlossareal gehörende Servatiuskirche wurde um das Jahr 1000 als romanische Basilika mit einer dreischiffigen Krypta erbaut. Zu den bedeutendsten Stücken des Kirchenschatzes gehören Teile des ältesten Knüpfteppichs Europas, um 1200 in Auftrag gegeben und ursprünglich über 40 Quadratmeter groß. Kehrt der Besucher vom Schlossberg über die breite Auffahrt zurück in die Stadt, so läuft er geradewegs auf das Klopstockhaus zu.

Das Klopstockhaus bietet eine Fülle von Zeugnissen zur Kulturgeschichte der Stadt. Denn es ist nicht nur dem unangefochtenen Dichterstar des 18. Jahrhunderts gewidmet, sondern auch anderen heimischen Gelehrten. So lernt der Besucher des Museums in einem Raum die überraschende Lebensgeschichte der Dorothea Christiane Erxleben (1715–1762) kennen. Sie wurde von ihrem Vater, einem Arzt, in der Wissenschaft angeleitet und promovierte als erste Frau in Deutschland in Medizin, versehen mit einer ausdrücklichen Sondergenehmigung. Ebenfalls sehenswert ist die Ausstellung über den Pädagogen Johann Christoph Friedrich GutsMuths (1759–1839), der als Wegbereiter und Förderer des Sportunterrichtes gilt. Die in Vitrinen gezeigten Didaktikbücher aus seiner Feder sind mit amüsanten Zeichnungen von Schülern beim Stabhochsprung versehen. Darüber hinaus befasst sich die Ausstellung mit dem Wirken Carl Ritters (1779–1859), dem Begründer der wissenschaftlichen Geografie.

Es ist ein großes Haus, in dem der Vater, der Stiftsadvokat Gottlieb Heinrich Klopstock, mit seiner Familie lebte. Der 1724 geborene Friedrich Gottlieb verbrachte hier seine ersten

Jahre. Gut ein Dutzend Kinder wuchsen in einem bürgerlich-pietistischen und menschlich warmen Elternhaus auf. Die Porträts von Klopstocks Vater und Großvater sind im Museum zu sehen. Das Bild des Vaters zeigt ein Gesicht mit wohlwollenden und humorvollen Zügen. Die Atmosphäre, die im Hause Klopstock herrschte, wird von einer kleinen Familiengeschichte angedeutet. Ihr zufolge beschwerte sich die Mutter beim Vater, dass Friedrich Gottlieb und seine Brüder wieder einmal verbotenerweise im Fluss gebadet hätten. Der Vater aber, statt zu schimpfen, ermahnte seine ungehorsamen Kinder lediglich, beim Schwimmen nur ja aufzupassen. Als Klopstock acht Jahre war, pachtete die Familie ein Landgut, das der Vater bewirtschaftete, um sich eine selbständige Existenz aufzubauen. Der junge Klopstock verbrachte hier vier Jahre in der Natur, während derer er viel schwamm, ritt und Schlittschuh lief. Die altertümlichen Schlittschuhe, die sich der bewegungsliebende Klopstock auch später noch gerne anzog, sind im Museum ausgestellt. Leider gerieten die Jahre auf dem Landgut für den Vater zum wirtschaftlichen Misserfolg. Er büßte sein Vermögen ein, und die Familie zog wieder nach Quedlinburg zurück. Nun lebte sie in bescheidenen Verhältnissen, und ein wohlhabender Verwandter war es, der dem jungen Klopstock den Besuch der sächsischen Fürstenschule in Pforta, fernab der Heimat, ermöglichte. Dort erhielt er eine humanistische Ausbildung und erlangte genaue Kenntnis der lateinischen und griechischen Sprache und Literatur. Er nahm das Studium der Theologie auf, erst in Jena, dann in Leipzig, das er jedoch nie beendete. Er begann zu schreiben, und widmete sich bald, nach einer kurzzeitigen Anstellung als Hauslehrer, ganz der Literatur.

Nach Quedlinburg kehrte der Dichter nur noch sporadisch zurück. Das Elternhaus wurde auf Initiative des 1872 gegründeten Quedlinburger Klopstock-Vereins gekauft und 1899 als Gedenkstätte zu Ehren des Dichters der Öffentlichkeit zugänglich macht. Genau 100 Jahre später, aus Anlass des 275. Geburtstages Klopstocks und des Museumsjubiläums, feierte das Haus 1999 nach umfangreicher Sanierung und Umgestaltung seine Wiedereröffnung. Zahlreiche Exponate und Erläuterungen ermöglichen es, Klopstocks Wirken und Leben chronologisch nachzuvollziehen.

Im Mittelpunkt steht Klopstocks Hauptwerk, das ihn mit einem Schlag in Deutschland berühmt machte und eine Wende in der deutschen Literaturgeschichte einleitete: das Epos „Der Messias". Heute ist das Werk in 20 Gesängen mit fast 20 000 Versen weitgehend vergessen, doch als die ersten drei Gesänge 1748 erschienen, elektrisierten sie das Lesepublikum. Nichts Geringeres hatte Klopstock beabsichtigt. Bereits in seiner Abschiedsrede von der Fürstenschule hatte er ein deutsches Nationalepos gefordert, das mit den antiken Epen Homers in einem Zuge genannt werden könne und den Rang deutscher Literatur in Europa erhöhen solle. Er hatte auch keinen Zweifel daran gelassen, dass er selbst gewillt war, ein solches Epos vorzulegen. Klopstock entschied sich, nachdem er verschiedene geschichtliche Gestalten als Protagonisten seines geplanten Werkes auf ihre literarische Tauglichkeit geprüft hatte, für Jesus Christus als den größten „Helden". Er nahm sich den religiös bedeutendsten Abschnitt vor: die Passionsgeschichte mit Kreuzestod und Auferstehung. Nach christlicher Lehre bedeutet sie die Erlösung der Menschheit und das ewige Leben. Die gewaltige Aufgabe, der religiösen Würde und der geistigen Tiefe dieses Stoffes gerecht zu werden, reizte seinen künstlerischen Ehrgeiz.

Für das ungeheure Thema musste er eine angemessene Form finden. Klopstock schrieb die Gesänge schließlich im klassischen Versmaß der griechischen und lateinischen Epen, dem Hexameter, den er sich aus seinen antiken Studien angeeignet hatte. Dieses Versmaß war in der deutschen Dichtung ungebräuchlich, doch Klopstock gelang es, das fremde und antike Versmaß so stimmig in die deutsche Sprache aufzunehmen, dass es Goethe, Schiller und andere Autoren später aufgriffen. Zahlreiche Stilmittel wie Einschübe oder Wortwiederholungen setzten die Sprache in Bewegung und machten das Epos zu etwas nie Dagewesenem. Am Bedeutendsten aber war die Emotionalität der Sprache. Den Autor beschäftigte weniger das äußere Geschehen der Passionsgeschichte als die Gefühlsvorgänge und Wahrnehmungen der Beteiligten. Die Kraft des Glaubens bildete er im religiösen Erlebnis ab. Diese Subjektivität traf den Nerv der Zeit, denn diese war gekennzeichnet durch die Tradition des Pietismus, der die innerliche Gotteserfahrung in den Mittelpunkt stellte, und sein weltliches Pendant, die Empfindsamkeit. Die leidenschaftliche Sprache Klopstocks kam dieser Gefühlskultur entgegen:

> Sing, unsterbliche Seele, der sündigen Menschen Erlösung,
> Die der Messias auf Erden in seiner Menschheit vollendet,
> Und durch die er Adams Geschlechte die Liebe der Gottheit
> Mit dem Blute des heiligen Bundes von neuem geschenkt
>   hat.
> Also geschah des Ewigen Wille. Vergebens erhub sich
> Satan wider den göttlichen Sohn; umsonst stand Judäa
> Wider ihn auf; er thats, und vollbrachte die große Versöh-
>   nung.
> Aber, o Werk, das nur Gott allgegenwärtig erkennet,
> Darf sich die Dichtkunst auch wohl aus dunkler Ferne Dir
>   nähern?
> Weihe sie, Geistschöpfer, vor dem ich im Stillen hier bete;
> Führe sie mir, als deine Nachahmerin, voller Entzückung,
> Voll unsterblicher Kraft, in verklärter Schönheit, entgegen.

Diese Eingangsverse des „Messias" thematisieren das Selbstverständnis der Dichtung angesichts des Göttlichen. Zwar erkennt der Dichter, dass sein Werk grundsätzlich nicht an die Würde der göttlichen Botschaft heranreichen kann, doch bittet er um die Gnade, sich ihr zumindest nähern zu dürfen. Ohne das Wohlwollen Gottes scheint also das Epos zum Scheitern verurteilt. Der Dichter versteht sich demnach als eine Art Priester, der sein Talent der Botschaft Gottes weiht, dadurch aber auch die Kraft für seine Verse von Gott empfängt. Literatur und Religion fließen ineinander. Dies erhob auch den Dichter selbst zu einer nahezu übermenschlichen Persönlichkeit. Seine Zeitgenossen und die Goethe-Generation versetzte nicht nur das Werk in Begeisterung, sondern sie beeindruckte auch die Haltung des Schriftstellers, der sein großes Selbstbewusstsein aus nichts Anderem als seiner Kunst zog.

Die Vollendung des „Messias" erstreckte sich über gut zwei Jahrzehnte. Als die ersten drei Gesänge zunächst in einer Zeitschrift, danach in einer Buchausgabe erschienen waren, lud der Schweizer Philologe Johann Jacob Bodmer den vielversprechenden Autor nach Zürich ein, damit er dort in Ruhe sein Epos beenden könne. Doch Gast und Gastgeber verstanden sich nicht. Bodmer hatte nach der Lektüre der Gesänge einen vergeistigten und frommen Schwärmer erwartet. Klopstock hingegen war zeitlebens ein weltzugewandter Mann, der gern seinen Schreibtisch verließ, um sich im Freien zu bewegen, gesellschaftlichen Vergnügungen nachzugehen und Kontakt mit anderen Schriftstellern und nicht zuletzt mit Frauen zu suchen. Das Verhältnis der beiden zerbrach. Doch der dänische König Friedrich V. lud Klopstock nach Kopenhagen ein und gewährte dem berühmt gewordenen Schriftsteller eine lebenslange Pension, um den

„Messias" ohne materielle Not zu beenden. Klopstock reiste nach Dänemark und lebte abgesehen von Unterbrechungen rund 20 Jahre in der dänischen Hauptstadt. Er verstand sich hier als Vertreter der bürgerlichen Gelehrten. 1770 ging er nach Hamburg, wo er bis zu seinem Tod lebte. Die letzten Gesänge des „Messias" erschienen 1773. Zu dieser Zeit fanden sie schon nicht mehr die Beachtung, die den ersten Gesängen zuteilgeworden war. Zwar blieb Klopstock einer der am höchsten geehrten Dichter seiner Zeit – mit Lessing und Wieland bildete er eine Art „Dreigestirn" der Literatur –, aber gelesen wurde er nur von wenigen. Ein Zustand, der bis heute anhält.

Im Quedlinburger Museum sind Erstdrucke und Originalausgaben des „Messias" ausgestellt, die Titelgestaltungen noch in barocker Verspieltheit. Daneben findet der Besucher auch zeitgenössische Ausgaben von Klopstocks Oden, Hymnen und Elegien sowie Handschriften von Gedichten mit eigenhändigen Korrekturen. Seine Lyrik ging den Menschen stärker zu Herzen, als sie es bisher von den oft starren Formen barocker Regelpoetik und aufklärerischer Lehrgedichte gewohnt waren. Seine Gedichte trugen, wie sein Messias-Epos, mit ihrer gefühlvollen Sprache nachhaltig zur Erweiterung der Ausdrucksmöglichkeiten deutscher Lyrik bei. Sie ebnete der nachfolgenden Schriftstellergeneration des Sturm und Drang den Weg zu dem, was später „Erlebnislyrik" genannt wurde und lange als Inbegriff von Dichtung überhaupt galt.

Klopstock griff verschiedene Versmaße der Antike auf und wandte sie auf die deutsche Sprache an, teilweise in eigenen Varianten. Er wagte sich sogar an eine reimlose Lyrik in freien Rhythmen. Auch darin schritt Klopstock der kommenden Entwicklung voran. Während allerdings beispiels-

weise die Wirkung der Lyrik Goethes die Jahrhunderte über-
dauerte, erscheinen viele der Gedichte Klopstocks dem
heutigen Leser kompliziert und gespreizt. Einige jedoch ent-
falten immer noch ihren Zauber:

Das Rosenband

Im Frühlingsschatten fand ich Sie;
Da band ich Sie mit Rosenbändern:
Sie fühlt' es nicht, und schlummerte.

Ich sah Sie an; mein Leben hing
Mit diesem Blick' an Ihrem Leben:
Ich fühlt' es wohl, und wusst' es nicht.

Doch lispelt' ich Ihr sprachlos zu,
Und rauschte mit den Rosenbändern:
Da wachte Sie vom Schlummer auf.

Sie sah mich an; Ihr Leben hing
Mit diesem Blick' an meinem Leben,
Und um uns ward's Elysium.

Diese frühe Ode Klopstocks knüpft mit dem Bild der Rose,
dem idyllischen Frühlingsschauplatz und der schlafenden
Geliebten an barocke Lyrik an, aber zielt in ihrem neuen
sprachlichen Ausdruck ganz darauf ab, Erfahrungen und Ge-
fühlsbewegungen lebendig werden zu lassen. Die Liebesgefühle, noch bevor sie ausgesprochen und bewusst sind, stehen im Mittelpunkt. Der zärtlich-sinnliche Klang macht das
Gedicht auch für den modernen Leser zugänglicher als der
pathetische Ton der Erhabenheit in anderen Gedichten Klopstocks.

Neben den religiösen Hymnen und den Oden an Liebe
und Freundschaft schrieb Klopstock zahlreiche politisch in-

tendierte Gedichte. Auf Grundlage seiner Vorstellung von der Liebe als göttlich inspiriertem Gefühl und der Freundschaft als Gleichklang verwandter Seelen, schwebte ihm eine Gesellschaft vor, in der die Einzelnen durch solche Liebe und Freundschaft, durch gegenseitige Achtung und Respekt verbunden sind. Er selbst pflegte einen großen Freundeskreis und hielt auch während seiner Zeit in Dänemark Abstand zu höfisch-repräsentativen Beziehungen. Sein Eintreten für bürgerliche Freiheit war verbunden mit dem Grundgedanken einer Humanisierung und Kultivierung der Gesellschaft durch die Gelehrten, was er auch in verschiedenen Prosawerken zu vermitteln suchte.

Seine Ablehnung galt fürstlicher Machtpolitik, besonders dem Eroberungskrieg. Seine lebenslange Verachtung für Friedrich den Großen rührte von dessen Kriegspolitik her. In diesem Sinne wandte er sich vor allem gegen die feudal-absolutistischen Kleinstaaten in Deutschland, während er in seinem Förderer, dem dänischen König Friedrich V. durchaus den Herrscher erkannte, der das Allgemeinwohl im Blick hat und die Künste unterstützt. Wenn auch ohne Erfolg, so schlug er dem Habsburger Reformkaiser, Joseph II., die systematische Unterstützung der Künste und Wissenschaften vor, die von einer staatlichen Druckerei bis zur Gründung eines Nationaltheaters reichen sollte. In seiner „Deutschen Gelehrtenrepublik" von 1774 versuchte er, die Idee einer Vereinigung von Künstlern und Wissenschaftlern weiter auszuführen, die der Humanisierung des gesamten öffentlichen Lebens dienen sollte.

Als im benachbarten Frankreich die Adelsherrschaft stürzte und eine neue Epoche der „Freiheit, Gleichheit, Brüderlichkeit" ausgerufen wurde, schien auch für ihn die Utopie in einer Verbindung von Revolution und Aufklärung Wirklichkeit zu werden. In der Ausstellung ist der Bürgerbrief der Französischen Republik für Klopstock aus dem Jahre 1792 zu sehen. Mit dieser Urkunde ehrten die Revolutionäre jenseits des Rheins den ersten deutschen Intellektuellen, der sich öffentlich für die Französische Revolution ausgesprochen hatte. Klopstock blieb nicht der einzige Befürworter der großen Umwälzung. Auch Schiller, der ebenfalls mit dieser Ehrenurkunde bedacht wurde, sowie Hölderlin, Herder, Kant und viele weitere namhafte Denker begrüßten die neue Zeit. Doch sie alle wurden bitter enttäuscht. Als der König das Schafott besteigen musste und die große Umwälzung in den großen Terror mündete, wandte sich Klopstock wie viele der deutschen Unterstützer mit Abscheu ab. Die gleichen humanistischen Prinzipien, derentwillen er anfangs die Revolution begrüßt hatte, ließen ihn nun von ihr abrücken. Klopstock kehrte jedoch nur den Revolutionären den Rücken. Der Abschaffung von Adelsherrschaft und Feudalismus, ihrer Ersetzung durch den Bürgerwillen galt zeitlebens seine Sympathie, auch wenn für ihn der Weg zur Freiheit nur ein langer Prozess schrittweiser Humanisierung sein konnte. Auch diese Konzeption war von großer Bedeutung für die Weimarer Klassik.

Klopstocks Patriotismus bildet zu diesen Werten keinen Gegensatz. Er galt einem ideellen Vaterland und war vor allem gegen die Fürsten gerichtet. Drei patriotische Theaterstücke stammen aus Klopstocks Feder. Sie alle greifen die Figur Hermann des Cheruskers auf und stellen den Kampf der Germanen gegen die Römer als Kampf für Freiheit und gegen Tyrannei dar. Die drei anderen Stücke, die Klopstock für das Theater verfasste, beschäftigen sich mit biblischen Themen. Auch in seinen Theaterstücken blieb Klopstock seinem Grundsatz treu, nicht die äußeren Umstände, sondern die inneren Bewegungen, die Gefühle und Gedanken, in den Mittelpunkt zu stellen. Im Drama „Adams Tod" versuchte er, die Gefühle eines Sterbenden, die Empfindung des herannahenden Todes darzustellen. Es ist ein bemerkenswertes Stück, auch wenn es wie die anderen auf keinem Spielplan unserer Theater steht.

Als Klopstock 1803 in Hamburg starb, läuteten die Glocken der Stadt und ein langer Zug Trauernder folgte dem Sarg. Die enorme Bewunderung für seine literarische Leistung und für das neue Bild des Künstlers, der selbstbewusst und mit moralischem Anspruch auftrat, sicherten ihm eine Art Staatsbegräbnis. Sein Grab in Ottensen, mit einem mächtigen Grabstein, wurde bald zur Pilgerstätte der Klopstock-Verehrer. In Quedlinburg entstand 1831 in der Parkanlage Brühl ein Klopstock-Denkmal, später dann das Museum. Diese Gedenkstätten ehren einen Dichter, der heute dem kollektiven Gedächtnis weitgehend entschwunden ist, ohne den aber die Erneuerung der deutschen Literatur in der Epoche des Sturm und Drangs und der Weimarer Klassik kaum denkbar gewesen wäre.

■ **Adressen**

Klopstockhaus
Schlossberg 12
06484 Quedlinburg
Öffnungszeiten:
April bis Oktober: mittwochs bis sonntags 10–17 Uhr,
November bis März: mittwochs bis sonntags 10–16 Uhr.

Quedlinburger Schlossberg mit Stiftskirche
Schlossmuseum
Öffnungszeiten:
April bis Oktober: täglich 10–18 Uhr,
November bis März: dienstags bis sonntags 10–16 Uhr.
Weitere Informationen: www.quedlinburg.de

Fachwerkmuseum im Ständerbau
Wordgasse 3
06484 Quedlinburg
Öffnungszeiten:
April bis Oktober: freitags bis mittwochs 10–17 Uhr,
November bis März: freitags bis mittwochs 10–16 Uhr.
Weitere Informationen: www.quedlinburg.de

■ **Literatur**

Friedrich Gottlieb Klopstock: Ausgewählte Werke, hrsg. von
K. A. Schleiden. München und Wien 1981.
Ders.: Der Messias. Gesang I–III. Studienausgabe, hrsg. von
Elisabeth Höpker-Herberg. Stuttgart 2001.
Ders.: Oden, hrsg. von Karl Ludwig Schneider. Stuttgart 2003.

Klaus Hurlebusch: Friedrich Gottlieb Klopstock. Hamburg 2003.
Katrin Kohl: Friedrich Gottlieb Klopstock. Stuttgart 2000.
Brigitte Meixner: Das Klopstockhaus. Halle an der Saale 1999.
(Erhältlich im Klopstockhaus.)

Gottfried August Bürger
(1747–1794)

Münchhausens Lügenerzähler
aus dem Harz

Ohne Auto ist es etwas umständlich, in das 350-Seelen-Dorf Molmerswende im Unterharz zu gelangen. Bis Quedlinburg fährt der Zug, aber dann geht es nur noch mit dem Linienbus weiter. Zunächst nach Harzgerode, wo der Reisende noch einen Blick auf das alte Schloss aus dem 16. Jahrhundert werfen sollte, heute ein Heimatmuseum. Nun heißt es erneut umsteigen, ein Taxibus fährt ins benachbarte Molmerswende. In dieser abgelegenen Ortschaft wurde in der Silvesternacht 1747 der Dichter Gottfried August Bürger geboren. Zeitweise gehörte er zu den berühmtesten Lyrikern Deutschlands, gilt literaturgeschichtlich als Begründer der deutschen Kunstballade und ist bis heute vor allem als Herausgeber und Mitautor des Volksbuches „Münchhausen" bekannt. Auf dem großen Hinweisschild, das den Weg zum Gottfried-August-Bürger-Museum weist, prangt denn auch eine farbige Abbildung des Lügenbarons. Und auf der gegenüberliegenden Straßenseite zeigt eine lustige Statue aus Schrottteilen den berühmten Ritt des Barons auf der Kanonenkugel.

Das Museum ist im ehemaligen Pfarrhaus untergebracht, in dem Bürgers Vater als Ortsgeistlicher lebte. In diesem historischen Fachwerkbau wurde Bürger geboren, hier verbrachte er seine ersten Kinderjahre. Links neben der hölzernen Eingangspforte erhebt sich ein Denkmal Bürgers. Neben diesem kleinen, 1973 erbauten Denkmal gibt es noch weitere, durchaus ältere in Deutschland. In Bürgers Studienort Göttingen steht in der heutigen Bürgerstraße eine Büste von 1895. Auf dem Göttinger Friedhof, wo der Dichter beigesetzt ist, wurde ihm Mitte des 19. Jahrhunderts ein Denkmal errichtet. Das bedeutendste Erinnerungsstück dürfte in der Gedenkstätte Walhalla bei Regensburg zu finden sein. In dieses „Heiligtum" deutscher Dichter und Denker zog Bürgers Büste 1817 ein – auf Geheiß des bayerischen Königs Ludwig I., dem Begründer dieses weltlichen Wallfahrtsortes und einem großen Verehrer Bürgers.

Vom Erdgeschoss des Pfarrhauses, das einen eindrucksvollen Blick in die freigelegte Konstruktion des Fachwerkbaus bietet, führt eine Holztreppe in den ersten Stock, in dem das eigentliche Museum seinen Platz gefunden hat. Dem Lügenbaron Münchhausen ist hier ein ganzer Raum gewidmet. Ausgestellt sind Originalausgaben und viele Übersetzungen des beliebten Volksbuches in die verschiedensten Sprachen. Die weite Verbreitung der Figur dokumentieren weitere Zeugnisse, darunter ein Überblick bildlicher Darstellungen durch moderne Künstler, aber auch eine Sammlung fantasievoller Aufsätze, die Grundschulkinder der Umgebung verfasst haben. In dieser Zusammenstellung zeigt sich der aufgeschlossene, unkonventionelle Charakter des Museums. Es wird von der engagierten Gottfried-August-Bürger-Gesellschaft am Ort unterhalten, die Informationen, Dokumente und Ausstellungsstücke rund um Bürger zusammenträgt und Interessierte zur Mitarbeit einlädt. Ein Internetauftritt gibt Einblick in die Arbeit des Vereins.

Das Münchhausen-Buch hatte Bürger 1786 in Göttingen herausgegeben, als er schon als Professor an der dortigen Universität über Ästhetik und Philosophie las. Eigentlich handelt es sich bei dem Werk um eine Übersetzung aus dem Englischen. Ein deutscher Gelehrter, der wegen beruflicher Unregelmäßigkeiten nach England geflohen war, hatte die Geschichten 1785 niedergeschrieben und auf Englisch herausgebracht, um seinen Lebensunterhalt zu verdienen. Auf nicht abschließend geklärte Weise kam das Buch über den Lügenbaron in Bürgers Hände. Ihm gelang nicht nur eine lebendige Übersetzung ins Deutsche, sondern er fügte selbst erfundene Geschichten hinzu. Und zu Bürgers Eigendichtungen gehören gerade die berühmtesten Episoden: der Ritt auf der Kanonenkugel und das Herausziehen aus dem Morast am eigenen Schopf. Wegen des großen Erfolgs des Buches schob Bürger zwei Jahre später noch einen zweiten Teil mit neuen Lügengeschichten nach. Sie haben ihren Unterhaltungswert und ihre Beliebtheit beim Lesepublikum über die Jahrhunderte bewahrt. Bürger machte allerdings trotz des Verkaufserfolgs seine Autorschaft nie kenntlich, das Werk erschien anonym. Erst nach seinem Tod fanden sich im Briefwechsel mit dem Verleger die entsprechenden Hinweise. Die Wahrung der Anonymität mag in seiner damaligen Stellung als Hochschullehrer begründet gewesen sein, die sich mit der Herausgabe eines so volkstümlichen Buches nicht vereinbaren ließ. Der Grund mag aber auch der Titelheld selbst gewesen sein. Der wirkliche Baron von Münchhausen (1720–1797) stammte nämlich aus der Nachbarschaft, aus Bodenwerder im Weserbergland. Er war über die Veröffentlichungen alles andere als amüsiert und hatte Bürger schon früh als Autor im Verdacht. Auf seinem Gut, das heute für Touristen zugänglich ist, pflegte der aus der Armee entlassene Adelige in geselliger Runde bei Punsch und Pfeife launige Geschichten zu erzählen – offenbar gut und unterhaltsam, denn er war in der Umgebung als Geschichtenerzähler bekannt. Schon vor Bürger waren in Deutschland mehrere Geschichten veröffentlicht worden, die angeblich oder tatsächlich auf Münchhausens Erzählungen zurückgingen. Die aberwitzigen Übertreibungen in seinen Erzählungen waren aber gar nicht als „Lügen" angelegt, sondern als Parodien auf Kriegs- und Jagdgeschichten. So war denn der echte Baron von Münchhausen auch sehr verärgert, als er sich in solchen Publikationen als wahnwitziger Aufschneider wiederfinden musste.

Dabei gehen die von Bürger erdachten Geschichten durchaus über den bloßen Spaß auf Kosten der Münchhausen-Figur hinaus. Denn der Baron erscheint als ein gewitzter und geistesgegenwärtiger Abenteurer, der seine Chancen und Talente zu nutzen weiß, um den Kopf über Wasser zu halten. Als sympathisch souveränes Schlitzohr meistert er einfallsreich die vielen Widrigkeiten des Lebens. Die Geschichte, in der er sich am eigenen Schopf aus dem Morast zieht, ist sinnbildlich für die Lebenseinstellung, die Münchhausen verkörpert. Und wohl gerade deshalb wurde das Buch ein solch großer Erfolg: Es wendet sich gegen Verzagtheit, ruft zur Eigeninitiative auf und verbreitet Mut zur Individualität. Einstellungen, die dem Autor Bürger sympathisch waren.

Dies wird auch in seinen Gedichten deutlich. Parodien auf Unterwürfigkeit, Hochmut und soziale Ungerechtigkeit, vielfach in Kurzgedichten zugespitzt, zeugen von Bürgers Aufbegehren gegen die Verhältnisse seiner Zeit. In vielen politisch ambitionierten Gedichten kritisierte er recht deutlich die Willkür des Adels und die Unterdrückung und Armut des einfachen Volkes. In der Ballade „Der wilde Jäger" geht es um einen Adeligen, der bei der Jagd rücksichtslos die Felder der Bauern zerstört, bis ein mystisches Geschehen ihn selber zum Gejagten werden lässt. Eindeutig auch die kritische Tendenz der grausamen Ballade „Des Pfarrers Tochter zu Taubenheim". Darin steht eine junge Frau im Mittelpunkt, die ihren unehelich geborenen Säugling ermordet, weil der adelige Verführer sie nicht heiratet und ihre Familie die „Schande" der unehelichen Mutterschaft nicht tragen kann. Später trat er leidenschaftlich für die Französische Revolution und ihre Losung von der Gleichheit aller Menschen ein.

Seiner Gesellschaftskritik gab er die wohl überzeugendste künstlerische Gestalt in seinem Gedicht „Lenore" von 1773, das die Ballade als anerkannte Kunstform in der deutschen Literatur etabliert hat. In Bürgers Nachfolge haben sich Autoren von Goethe über Eichendorff bis Fontane dieser Form bedient und wunderschöne Balladen verfasst. Doch Bürgers „Lenore" stand am Anfang und bleibt ein Juwel. Lenore ist ein Mädchen, deren Verlobter aus dem Krieg nicht wieder nach Hause kommt. Sie verzweifelt so sehr, dass sie den Geist des Toten durch die Intensität ihrer Trauer geradezu herbeizwingt. Dieser reitet dann tatsächlich vor das Haus und ruft die Verlobte zur Hochzeit. Ein wilder Sturmritt, der von einer wachsenden Schar schauriger Geister begleitet wird, endet schließlich in einem Grab auf dem Friedhof, das beide verschlingt. Die Hochzeit findet im Totenreich statt.

Ungewöhnlich für die damalige Dichtung war nicht zuletzt, dass Bürger die schaurige Geschichte der Ballade in die politische Gegenwart verlegte, in die Zeit des Siebenjährigen Krieges, der noch keine zwanzig Jahre zurücklag. Dadurch rückte die Realität des Krieges näher an den Leser. Weder wird der Krieg zum Heldenepos verklärt noch bloß aus der Perspektive der Herrschenden erschlossen. Stattdessen folgt das Gedicht dem Blickwinkel der einfachen Leute. Der Krieg bedeutet für Lenore und ihren gefallenen Verlobten die Zerstörung aller Zukunftsträume. Bürger erzeugt ein Gefühl der Empörung, wie etwa in einer Strophe zum Friedensschluss zwischen den streitenden Königen: Während die Herrscher Macht und Beute unter sich aufteilen, so Bürgers deutlicher Hinweis, leidet das Volk unter den Folgen des Krieges unvermindert weiter. Lenores Zweifel an Gott, die sie vehement im Streitgespräch mit ihrer Mutter vorbringt, lassen in Bürgers Gedicht auch den Trost der Religion nicht gelten.

Aber die neuen Inhalte hätten den Text nicht zur mustergültigen Ballade erhoben, wenn die Sprache nicht überzeugt hätte. Bürger hat die Geschichte, insbesondere den Höllenritt, in so rhythmische Verse gefasst, dass der Leser geradezu mitgerissen wird. Gesteigert wird die Wirkung noch, indem zu den lyrischen und erzählerischen Elementen ein dramatisches hinzukommt: Wie in einem Theaterstück unterbricht wörtliche Rede der Protagonisten immer wieder die Verserzählung und steigert den Eindruck von Spontanität und Bewegung, erzeugt Lebendigkeit und Spannung:

> Schön Liebchen schürzte, sprang und schwang
> Sich auf das Ross behände;
> Wohl um den trauten Reiter schlang
> Sie ihre Lilienhände;
> Und hurre hurre, hop hop hop!
> Ging's fort in sausendem Galopp,
> Daß Ross und Reiter schnoben,
> Und Kies und Funken stoben.
>
> Zur rechten und zur linken Hand,
> Vorbei vor ihren Blicken,
> Wie flogen Anger, Heid und Land!
> Wie donnerten die Brücken!–
> „Graut Liebchen auch? – Der Mond scheint hell!
> Hurra! Die Toten reiten schnell!
> Graut Liebchen auch vor Toten?"
> „Ach nein! – doch laß die Toten!" –

Die Ballade wurde von den Zeitgenossen begeistert aufgenommen und machte Bürger mit einem Schlag berühmt. Daher legt auch das Museum von Molmerswende einen weiteren Schwerpunkt auf die „Lenore"-Rezeption. Zu sehen sind zeitgenössische Buchausgaben und unterschiedliche bildliche Darstellungen. Zeichnend, malend oder grafische Techniken nutzend haben sich Künstler über die Jahrhunderte bis in die jüngste Gegenwart hinein vor allem am Höllenritt versucht, mal figürlich, mal abstrakt. In diesen visuellen Umsetzungen wird ein weiteres Grundmotiv des Gedichts besonders deutlich: die lebensverneinende Verzweiflung an der Wirklichkeit.

Bürgers Unmut über die herrschenden Verhältnisse war von seinen persönlichen Erfahrungen nicht unbeeinflusst. Sein Elternhaus war arm, das Leben eines Landpfarrers wie seines Vaters hart und beschränkt. Das Studium ermöglichte dem jungen Bürger der wohlhabende Großvater mütterlicherseits. Zunächst entschied sich Bürger für Theologie im nahen Halle, doch seine Interessen lagen bei der Kunst und Literatur. Sein Studium litt. Nach heftigen Auseinandersetzungen mit seinem Großvater nahm er in Göttingen ein Studium der Rechte auf, das er 1772 abschloss. Im gleichen Jahr begann Bürger seine Berufslaufbahn. Er wurde Amtmann am adligen Gericht der Familie von Uslar in der Grafschaft Alten-Gleichen im heimatlichen Harz. Schon die Bewerbung auf diese Stelle gestaltete sich mühsam, weil die zerstrittenen Mitglieder der Grafenfamilie Bürgers Bewerbung recht unterschiedlich beurteilten. So musste er juristische Expertisen als Bewerbungsschriften vorlegen und schließlich auch noch eine stattliche Kaution hinterlegen, und zwar innerhalb von drei Tagen. Dies gelang abermals nur dank seines großzügigen Großvaters. Das Amt, das Bürger übernahm, erwies sich rasch als undankbar. Rechtsprechung und die unterschiedlichen Ansprüche und Interessen der intriganten Grafenfamilie erwiesen sich oftmals als schwer vereinbar. Dennoch verrichtete er sein Amt nach besten Kräften. Bei der Aufarbeitung eines Kindsmords durch eine einfache Magd machte Bürger geltend, dass die unvorbereitete junge Frau ihre Schwangerschaft nicht einzuschätzen gewusst habe, und bewahrte sie damit vor der Todesstrafe. Dieser Fall dürfte das Vorbild für die oben erwähnte Ballade über die „Tochter zu Taubenheim" gewesen sein.

Aus weiteren Gründen litt Bürger unter den Bedingungen seiner Anstellung. Die vielen kleinen Rechtsfälle warfen kein üppiges Honorar ab, denn die Bevölkerung, mit der es Bürger zu tun hatte, war arm. So kam Bürger weder finanziell auf einen grünen Zweig noch blieb ihm ausreichend Zeit für seine literarische Arbeit. Er suchte immer wieder nach einem neuen Auskommen, bewirtschaftete vorübergehend sogar einen Bauernhof. 1783 schaffte er es schließlich, eine Dozentur für Ästhetik und Philosophie an der Universität Göttingen zu erlangen. Allerdings wurde diese von der Universität nicht bezahlt, Bürger musste von den Beiträgen seiner Hörer leben. Seine finanzielle Lage besserte sich nicht wesentlich. Dafür allerdings konnte er endlich in dem Bereich wirken, der ihm wirklich am Herzen lag: der Literatur.

Schon als Student in Göttingen hatte Bürger Bekanntschaft mit der später berühmt gewordenen literarischen Gruppe „Göttinger Hain" geschlossen. Die jungen Dichter, allesamt Studenten, schmiedeten fleißig Verse, wobei sie im Gegensatz zu den damaligen strengen französischen Vorbildern die Schaffung einer eigenen deutschen und volksverbundenen Literatur anstrebten. Bürger hielt nur lose Verbindung zur Gruppe, die sich vor allem an Friedrich Klopstock orientierte.

Doch stimmte er mit dem Ziel überein, eine Literatur für das einfache Volk zu schaffen. Die geistigen Paten dieser neuen literarischen Richtung fanden die deutschen Nachwuchsdichter vor allem in England. Thomas Percy hatte 1765 eine Sammlung alter englischer Volkslieder herausgegeben. Berühmter noch wurde der „Ossian", ein vermeintlich mittelalterliches Epos, das sich später als Fälschung entpuppte. John Macpherson hatte es selbst in altertümlichem Stil geschrieben und in den 1760er Jahren als angebliche englische Übersetzung alter gälischer Mythen veröffentlicht. Besonders bewunderten die jungen Lyriker den Titanen des englischen Theaters, William Shakespeare. Sie faszinierten seine Geschichtsthemen, die farbigen Volksdarstellungen und die unbekümmerte Form, die sich an keine überlieferte Theaterregel hielt. In diesem Geiste breitete sich in Deutschland unter jungen Gelehrten und Dichtern eine neue literarische Strömung aus, die später als Sturm und Drang in die Literaturgeschichte einging. Sie erhielt ihre Schubkraft vor allem durch die noch jungen Johann Gottfried Herder und Johann Wolfgang Goethe. Diese hatten sich 1771 in Straßburg getroffen und gaben gemeinsam mit weiteren Beiträgern eine kulturtheoretische Schrift mit dem Titel „Von deutscher Art und Kunst" heraus. Darin ging es um die Frage nach neuen Wegen und Vorbildern für eine erneuerte deutsche Literatur und Kunst, die starre Konventionen überwinden und sich an das ganze Volk richten sollte. Neben Shakespeare als dem Inbegriff des künstlerischen Genies und der Besinnung auf mittelalterliche Überlieferungen wurde als Quelle dieser Erneuerung von Herder auch die Sammlung deutscher Volks- und Bauernlieder gefordert. Herder selbst trug zu diesem Vorhaben durch mehrere Bände bei und beeinflusste damit wiederum Bürger und die Dichterfreunde des Göttinger Hains.

Es mag Gottfried August Bürgers weiteres Schicksal bestimmt haben, dass er sich künstlerisch von den Idealen des jugendlichen Sturm und Drangs nie entfernt hat, während Goethe und Schiller ihre überragende kulturgeschichtliche Stellung wohl auch dem Umstand verdanken, sich mit zunehmendem Alter künstlerisch fortentwickelt zu haben. Verhängnisvoll für Bürger war vor allem eine harsche Kritik an seinen Gedichten, die Friedrich Schiller veröffentlichte. Schiller, der sich wie Goethe gerade vom Stürmer und Dränger zum Klassizisten wandelte, legte an Bürgers Gedichte die neu entwickelten Maßstäbe von Ausgleich und Veredelung, Humanität und ästhetischer Erziehung an, kurz: das Programm der sogenannten Weimarer Klassik. Solchem Maßstab konnten (und sollten) Bürgers Gedichte nicht standhalten. Schillers Kritik schadete Bürgers Ansehen nachhaltig und ließ ihn mit seiner Dichtung und seinen literarpolitischen Überlegungen in die Defensive geraten. Erst später, unter anderem durch Heinrich Heine, wurde die Bedeutung Bürgers wieder gewürdigt.

Zwei große Frauenporträts, die zwei Schwestern zeigen, fallen im Museum Molmerswende ins Auge. Ihnen war Bürger in einer tragischen Liebesbeziehung, die sein Leben nach eigenen Worten zu einer „Marter" werden ließ, verbunden. Kurz nach Veröffentlichung seiner „Lenore" war Bürger in das Harzdorf Niedeck gezogen. Beim dortigen Amtmann lernte er die Töchter Dorette und Molly kennen. Die Erstere heiratete er 1774 und bekam im Lauf der nächsten zehn Jahre mit ihr drei Kinder. Doch schon kurz nach der Hochzeit hatte er sich unsterblich in die jüngere Schwester Molly verliebt, die seine Gefühle erwiderte. Verzweifelte Versuche folgten, das vertrackte Privatleben zu ordnen, doch Bürger kam von Molly nicht los. Schließlich lebte er mit beiden Schwestern zusammen. 1782 gebar ihm Molly einen Sohn. Zwei Jahre später starb seine Frau Dorette im Kindbett. Der Weg war nun frei für eine offizielle Verbindung mit Molly. Doch ihr Glück dauerte nur einige Monate, denn auch Molly verstarb bei der Geburt eines Kindes. Bürger war untröstlich. Die jahrelangen Qualen seines verhedderten Liebeslebens schlugen sich in einer Reihe außergewöhnlicher Liebesgedichte nieder. Sie zeichnen sich durch direkte und drastische Vermittlung von Gefühlen und durch erotische Intensität aus – ungewöhnlich für die Liebesdichtung der Zeit. Bürger verstand Liebe und Erotik als Ausfluss der wahren Natur des Menschen, als Menschenrecht, das durch Vorschriften und Konventionen vielfach unterdrückt war. Auch darin schlug sich seine Kritik an den gesellschaftlichen Verhältnissen nieder.

Solch intensive Liebesgefühle erlebte Bürger in seiner dritten Ehe nicht mehr. 1790 heiratete er Elisa Hahn, eine wesentlich jüngere Briefbekanntschaft aus Schwaben, die später selber Autorin mehrerer Theaterstücke wurde. Die neue Ehefrau des Göttinger Professors betrog ihren Mann mehrfach und machte ihn zum Gespött der Universitätsstadt. Die Ehe endete bald in der Scheidung. Zu dieser seelischen Belastung traten erhebliche finanzielle Schwierigkeiten, die Verantwortung für eine große Familie und mangelnde Anerkennung unter den Professorenkollegen. Auch die Dichterfreunde von einst hielten kaum noch Kontakt mit ihm. Gottfried August Bürger, an Schwindsucht erkrankt, starb 1794 in Not und Vereinsamung. Hinterlassen hat er der Nachwelt bedeutende Werke und auch einige Wortschöpfungen wie die heute geläufigen Begriffe „querfeldein" oder „Lausejunge". Und er lieferte ein Beispiel für kritischen Geist, dem er trotz widriger Lebensumstände und seelischer Not bis ans Ende seiner Tage treu geblieben ist. Es ist deshalb erfreulich, dass die Gott-

fried-August-Bürger-Gesellschaft in Molmerswende die Gedenkstätte im ehemaligen Pfarrhaus pflegt und ausbaut, für
die Öffentlichkeit zugänglich macht und Bürgers Leben und
Werk bekannt zu machen versucht. So leistet das kleine Dorf
Molmerswende einen wichtigen Beitrag, um das Gedächtnis
an einen großen Geist zu wahren.

■ **Adressen**

Gottfried-August-Bürger-Museum
Hauptstraße 14
06543 Molmerswende
Öffnungszeiten:
Dienstags bis freitags 10–16 Uhr,
samstags 13–16 Uhr und sonntags 10–12 Uhr nach
Vereinbarung.
Weitere Informationen: www.gottfried-august-buerger-
molmerswende.de

■ **Literatur**

Gottfried August Bürger: Werke, hrsg. und mit einer Einleitung
versehen von Brunhild Neuland. Berlin und Weimar 1990.
Ders.: Münchhausen, hrsg. von Irene Ruttmann. Stuttgart 1969.
Siehe auch die Internet-Sammlung „Die deutsche Gedichte-
bibliothek" unter: www.gedichte.xbib.de

Helmut Scherer: Gottfried August Bürger. Biographie. Berlin
1995. (Im Museum erhältlich).

Annette von Droste-Hülshoff (1797–1848)

Zwischen Romantik und Realismus im Münsterland

Das Münsterland, das sich zwischen Ruhrgebiet, Teutoburger Wald und den Niederlanden erstreckt, ist vielen Radfahrern, Wanderern und Reitern als ländliche Urlaubsregion bekannt. Sie schätzen die flache Landschaft mit ihren saftigen Wiesen, verschlungenen Heidewegen, weitläufigen Parks, gepflegten Herrensitzen und traditionsreichen Wasserschlössern. Rund 20 Minuten Autofahrt von der Domstadt Münster, in deren Rathaussaal 1648 der Dreißigjährige Krieg durch den Westfälischen Frieden beendet wurde, liegt inmitten der grünen Landschaft die Burg Hülshoff nahe dem Städtchen Havixbeck. Auf dieser Burg mittelalterlichen Ursprungs, umgeben von einem breiten Wassergraben und einer weitläufigen Gartenanlage, wurde 1797 die Dichterin Annette von Droste-Hülshoff geboren. Hier lebte sie von ihrer Kindheit bis zu ihrem 29. Lebensjahr. In ihrem Romanfragment „Bei uns zulande auf dem Lande" hat sie ein plastisches Bild vom Leben auf der Burg und den Dörfern ihrer westfälischen Heimat hinterlassen:

> Diese alten Mauern, die doch wenigstens ihre drei Jahrhunderte auf dem Rücken zu tragen scheinen! Seltsames schlummerndes Land! So sachte Elemente! So leise seufzender Strichwind, so träumende Gewässer, so kleine friedliche

> Donnerwetterchen ohne Widerhall! Und so stille, blonde
> Leutchen, die niemals fluchen, selten singen oder pfeifen,
> aber denen der Mund immer zu einem behaglichen Lächeln
> steht, wenn sie unter der Arbeit nach jeder fünften Minute
> die Wolken studieren und aus ihrem kurzen Stummelchen gen
> Himmel rauchen, mit dem sie sich im besten Einverständnisse
> fühlen.

Heute ist in der Burg Hülshoff der Dichterin und ihrer Familie ein kleines Museum gewidmet. Besonders interessant ist die Bibliothek, in der sich rund 5000 Bücher des Vaters erhalten haben. Werke der Naturkunde, Theologie, Politik und Belletristik belegen das breit gefächerte Interesse der Familie. Manche Bände, die aus dem Nachlass Annette Droste-Hülshoffs stammen, weisen handschriftliche Widmungen und Anmerkungen auf. Diese reiche Sammlung zeigt, dass die Droste nicht nur aus adeligem, sondern auch aus einem gelehrten Elternhaus stammte. Der Vater ließ seine Tochter am Privatunterricht der beiden Brüder teilnehmen, zur damaligen Zeit für ein Mädchen keine Selbstverständlichkeit. So wurde Annette sehr belesen, sprach Englisch, Französisch, Italienisch, Niederländisch und beherrschte Latein. Vor allem aber hatte sie Spaß an der Literatur. Ihre literarischen wie auch musikalischen Talente wurden gefördert, doch bei aller Aufgeschlossenheit des Vaters wie der Mutter war die Familie adelsbewusst und konservativ-katholisch. Die Stücke von Friedrich Schiller musste Annette von Droste-Hülshoff versteckt auf dem Dachboden studieren, weil die Lektüre der aufrührerischen Geschichten ihrer Mutter zu bedenklich erschienen. Der Unterricht wurde durch Geistliche und Hauslehrer erteilt, und zwar in der damaligen Hauskapelle.

Im eng möbliertern Speisezimmer steht noch der schwere Holztisch aus dem 18. Jahrhundert, an dem die Familie zusammensaß. Am Kopfende des Raums hängt das berühmteste Porträt der Dichterin: In blauem Kleid schaut die 41-Jährige freundlich-sinnend zur Seite. Geschaffen hat es 1838 der Maler Johannes Sprick aus dem westfälischen Bielefeld, den die Familie, den Briefen der Droste zufolge, wegen seiner großen Treffsicherheit schätzte. Im sogenannten Gartensaal springt neben einem heroischen Bildnis des Kurfürsten Clemens August von Köln das Relief des Kamins ins Auge: Es zeigt einen Barsch mit Flügeln, das Wappen der Drostes. Daneben ist in lateinischer Aufschrift ihr Familienmotto zu lesen, das die katholische Verankerung der Familie unterstreicht: „E carcere coelestia appeto", zu Deutsch: „Aus dem Kerker strebe ich zum Himmel". Mit dem „Kerker" ist die irdische Existenz gemeint. In einem kleineren Raum steht hinter einer schützenden Glaswand ein Bett, es soll der jugendlichen Annette gehört haben. Zur Burganlage gehört auch ein großer Park. Die Nachfahren der Droste haben 1985 in der Mittelachse der Gartenanlage eine Bronzebüste der Dichterin aufgestellt. Es ist unbedingt lohnend, durch die Haine und Wiesen, auf der Eichenallee und der Brücke über den Teich spazieren zu gehen. Annettes Vater hat den Park noch selbst in dieser Gestalt anlegen lassen, als Landschaftsgarten, der sich behutsam in die Umgebung einfügt.

Die Landschaft und Menschen Westfalens haben Annette von Droste-Hülshoff ihr Leben lang nicht losgelassen. Auch als sie später weite Reisen unternahm und ihren Wohnsitz zeitweise auf die Meersburg am Bodensee verlegte, blieben viele ihrer Werke von der Atmosphäre, den Geschichten und Bildern ihrer Heimat geprägt. Aus dem Zyklus von „Heidebildern" ist das Gedicht „Der Knabe im Moor" durch den Schulunterricht besonders bekannt geworden:

> O, schaurig ist's, übers Moor zu gehen,
> Wenn es wimmelt vom Heiderauche,
> Sich wie Phantome die Dünste drehn
> Und die Ranke häkelt am Strauche,
> Unter jedem Tritte ein Quellchen springt,
> Wenn aus der Spalte es zischt und singt–
> O, schaurig ist's, übers Moor zu gehen,
> Wenn das Röhrich knistert im Hauche!
>
> [...]
>
> Vom Ufer starret Gestumpf hervor,
> Unheimlich nicket die Föhre,
> Der Knabe rennt, gespannt das Ohr,
> Durch Riesenhalme wie Speere;
> Und wie es rieselt und knittert darin!
> Das ist die unselige Spinnerin,
> Das ist die gebannte Spinnlenor',
> Die den Haspel dreht im Geröhre!

Auffallend an diesem Gedicht sind besonders die präzisen Naturschilderungen, die das Moor in allen Nuancen und Details, bis in die Geräusche hinein, sprachlich wiederzugeben versuchen. Im Unterschied zu romantischer Naturüberhöhung und einer Dichtung, die Natur vor allem als Spiegel der Seele wahrnahm, wiesen die genauen, realistischen Naturbeschreibungen der Droste neue Wege. Doch das Gedicht beschreibt nicht Natur allein, sondern die menschliche Begegnung mit ihr. Die Schilderungen folgen der Wahrnehmung eines verängstigten Knaben, dem die Moorlandschaft schauerlich und bedrohlich erscheint. Der Knabe sieht hinter den Naturerscheinungen magische und furchterregende Gestalten am Werk, die ihm offenkundig in Erzählungen der Erwachsenen nahegebracht wurden. So gewährt das Gedicht Einblick in die Seelenwelt eines Kindes wie in die Traditionen der beim Moor lebenden Menschen und ihrer Welt des Aberglaubens.

Ebenfalls neue Wege wies auch ihre einzige vollendete Prosaarbeit, die berühmte, in knapper und herber Sprache geschriebene Erzählung „Die Judenbuche". Die Geschichte spielt im benachbarten Paderborner Land und handelt vom Jungen Friedrich Mergel. Dieser wächst in zerrütteten Verhältnissen auf und gerät durch seinen diebischen Onkel auf die schiefe Bahn. Friedrich sucht sich auf unlautere Weise etwas Geld und Ansehen zu verschaffen. Diese Entwicklung wird in der Erzählung mit Schilderungen eines Werteverfalls in den Dörfern verbunden. Als Friedrich von einem Juden öffentlich wegen ausstehender Schulden bloßgestellt wird, erschlägt er diesen im Wald, unter einer Buche, und muss fliehen. Erst nach Jahrzehnten kehrt er in sein Heimatdorf zurück und lebt dort unter falschem Namen. Schließlich erhängt er sich an der „Judenbuche".

Die Erzählung stellt die harten Lebensbedingungen der Menschen in den Walddörfern ungeschminkt dar. Der karge Berichtstil deutet viele Zusammenhänge und Hintergründe nur an. Dadurch bleibt vieles im Ungewissen, und es entsteht eine Atmosphäre des Unheimlichen und Bedrohlichen. Der Leser ist aufgefordert, selbst die Vielschichtigkeit der Erzählung zu deuten. Die „Judenbuche" ist Kriminalgeschichte, Darstellung sozialer Verhältnisse und eine modern anmutende Ausleuchtung einer durch Vererbung, Erziehung und Einflüsse der Umgebung verpfuschten Charakterentwicklung. Zugleich lässt die Schilderung des profanen Geschehens religiöse Allegorien erkennen, wirft die Frage nach menschlicher und göttlicher Gerechtigkeit auf und verweist immer wieder auf die Frage nach der menschlichen Entscheidungsfreiheit, auf der die Unterscheidungen von

Gut und Böse, Sein und Schein sowie Tat und Reue beruhen.

Die „Judenbuche" schrieb Annette von Droste-Hülshoff auf dem Witwensitz ihrer Mutter, dem Rüschhaus, das etwa fünf Kilometer von der Burg Hülshoff entfernt liegt. Dieses zweite Drostemuseum ist heute gut an den Busverkehr Richtung Münster angebunden. Vom Hauptbahnhof Münster fährt der Bus 20 Minuten bis zum Rüschhaus, wo er gleich vor der Einfahrt hält. Der kleine barocke Herrensitz liegt etwas versteckt am Waldrand. Das Land zwischen Haus und Burg gehörte fast gänzlich der Familie. Die Dichterin, die gerne durch die Natur streifte, legte den Weg zwischen Burg und Rüschhaus zuweilen zu Fuß zurück. Als Annettes Vater 1826 starb, erbte der älteste Sohn die Burg Hülshoff und bezog sie mit seiner Frau. Der Mutter wurde das Rüschhaus als Wohnsitz eingerichtet, auf dem sie zunächst mit ihren beiden Töchtern, Jenny und Annette, lebte. Jenny zog 1834 nach ihrer Heirat fort, Annette blieb. Sie bewohnte zusammen mit ihrer alten Amme, die sie zu sich holte, vier Zimmer.

Das Museum Rüschhaus darf nicht ohne Führung betreten werden, doch werden regelmäßig Rundgänge durch das Haus angeboten. Die Besucher betreten das Haus durch die große Küche mit Rauchfang. Eine Durchgangspforte führt sie zum ehemaligen Stall. Dort können sie die originale Kutsche der Familie, eine sogenannte Berline, mit einem goldenen „D" auf der Wagentür, bewundern. Die Sitze sind mit blauem Stoff überzogen, stellenweise durch den Zahn der Zeit schon ausgefranst. Ob auch Annette mit dieser Kutsche gefahren ist, bleibt allerdings unklar. Im ehemaligen Empfangszimmer des Hauses springt eine originale Panoramatapete mit einer mediterranen Szenerie ins Auge. Ein Fenster erlaubt den Blick in die Küche, und die Glocke, mit denen die Bediensteten herbeigeklingelt werden konnten, ist noch zu sehen. Dennoch führte die Schriftstellerin für ihren Stand im Rüschhaus ein bescheidenes Leben.

Von ihrem Wohn- und Arbeitszimmer existiert eine von Droste-Hülshoff selbst gefertigte Zeichnung, nach der die Einrichtung rekonstruiert werden konnte. In diesem Zimmer mit Sofa, Tisch, Klavier und Tisch schrieb die Dichterin. Neben der „Judenbuche" entstanden hier viele ihrer Versepen, Balladen und Gedichte. Die Originalmöbel befinden sich, soweit noch vorhanden, im Besitz der Nachfahren der Familie. Im zweiten Raum zeugt eine Mineraliensammlung vom großen Naturinteresse der Droste. Diese und andere Sammelleidenschaften trugen sicherlich zur großen Detailfreude ihrer Beschreibungen bei. Die große Gartenanlage, die im Unterschied zum Haus jederzeit frei zugänglich ist, wurde in ursprünglicher Barockgestalt wiederhergestellt, so wie sie vor dem Kauf des Hauses durch die Familie Droste-Hülshoffs angelegt worden war. Annette und ihre Schwester Jenny bewirtschafteten den Garten dagegen im damals modernen englischen Stil. Jenny richtete sich eigens ein kleines Gartenhäuschen ein, um sich dort der Blumenzucht widmen zu können.

Mit Unterbrechungen verbrachte Annette Droste-Hülshoff zusammen mit ihrer Mutter ihr ganzes weiteres Leben in dem einsamen Landhaus. Hat sie sich im Rüschhaus wohlgefühlt? Die Dichterin selber nannte ihr kleines Arbeitszimmer „Schneckenhäuschen". Daraus spricht Geborgenheit, aber es schwingen auch Gefühle der Enttäuschung und Einsamkeit mit. Für eine Frau ihres geistigen Horizonts bot das einsame Landgut kaum Anregungen, und darin lag sicherlich ein wesentlicher Grund für den oft mühevollen Schreibprozess und die langsame Entwicklung der Künstlerin. Zudem belasteten die strengen Erwartungen an eine Frau des Landadels, sich unauffällig und demütig zu verhalten, die selbständige und leidenschaftliche Droste. Schon als Kind hielt die Familie sie oft für unbotmäßig und schwierig. Noch zu ihrer Zeit auf der Burg knüpfte sie mit Anfang 20 bei einem Verwandtenbesuch im Paderborner Land ein Liebesverhältnis zu einem Studenten, der allerdings nicht von Adel und zudem evangelisch war. Eine üble Intrige der Verwandtschaft durchkreuzte ihren Wunsch, selbst über ihre Beziehung zu entscheiden, und endete in einer als traumatisch erfahrenen Bloßstellung; geheiratet hat Annette von Droste-Hülshoff nie. Schon als Kind kränklich, plagten sie im Rüschhaus oft schwere, wohl auch psychosomatisch bedingte Leiden.

Ausbrüche aus dieser beschränkten Welt des Landgutes erlaubten ihr Reisen. Sie fuhr zunächst häufig zu Verwandten und Freunden nach Köln und Bonn. In der freieren rheinischen Atmosphäre blühte sie auf und gewann Kontakte und Impulse für ihr literarisches Schaffen. Von großer Bedeutung für sie waren vor allem ihre späteren Reisen in die Schweiz, dann auf die Meersburg am Bodensee. Eingeladen hatte sie ihre Schwester Jenny, deren Ehemann, Freiherr von Laßberg, sich hier angesiedelt hatte. Laßberg sammelte und bearbeitete mittelalterliche Literatur, u. a. das Nibelungenlied. Als Sekretär diente ihm zeitweilig der Schriftsteller Levin Schücking. Die Droste hatte ihn als Schüler kennengelernt und in ihm später einen Gesprächspartner über Literatur gewonnen; um ihm ein Auskommen zu verschaffen, vermittelte sie ihn an Laßberg. Ihr Verhältnis zu ihm schwankte zwischen Mütterlichkeit und Liebe. Auf seine Inspiration hin entfaltete Annette auf der Meersburg 1841/42 schubartig eine große Schaffenskraft, der viele ihrer Gedichte entsprangen. Zwei Jahre später erschienen diese Gedichte bei Cotta, nach der „Judenbuche" ihre zweite große Publikation. Dieser Produktivität folgten jedoch die Entfremdung von Schücking und zurückgezogene Tage im Rüschhaus. Obgleich sie immer ins Rüschhaus zurückkehrte, erwarb Annette von Droste-Hülshoff 1843 ein Häuschen in der idyllischen Landschaft der Meersburg zwischen Bergen und See. 1846 reiste sie, schon sehr krank, ein letztes Mal von Westfalen zur Meersburg, wo sie noch im gleichen Jahr starb und begraben wurde.

Mit anderen bedeutenden Dichtern der Zeit hatte sie wenig Kontakt. 1813 traf sie bei ihren Verwandten mit Wilhelm Grimm, dem Märchensammler und Sprachforscher, zusammen. Auf der Meersburg lernte sie die schwäbischen Romantiker Ludwig Uhland und Justinus Kerner kennen. Doch prägende Freundschaften ergaben sich daraus nicht. Diese persönliche Situation Droste-Hülshoffs spiegelt sich auch in ihrer schwer einzuordnenden Stellung in der Literaturgeschichte. Als biedermeierlich gilt ihre Bevorzugung von historischen Themen und Motiven der heimatlichen Umgebung, ihre Verteidigung bestehender Werte und ihre Skepsis gegen einen radikalen Umsturz. Die genauen Schilderungen nicht nur der Natur, sondern auch der psychologischen und sozialen Wirklichkeit, auch in ihren Schattenseiten, nahmen Elemente des Realismus vorweg. Zugleich prägen auch die romantischen Motive des Unheimlichen und Schaurigen, das Hineinhorchen in sich selbst und metaphorisch-religiöse Lyrik ihr Werk.

In ihrem religiösen Gedichtzyklus „Das geistliche Jahr", der über viele Jahre entstand und erst posthum veröffentlicht wurde, äußern sich in 72 Gedichten die seelischen Nöte einer Suchenden, ringen Glaube und Zweifel miteinander. In ihrer späten Lyrik setzte sich die Künstlerin auch mit Fragen von Jugend und Alter und ihrem Selbstverständnis als Frau auseinander. Wiederholt bezieht sie hier Stellung gegen männliche Gewaltausübung. So ist es in der Ballade „Der Graf von Thal" die Frau des Grafen, die gegen männliche Rachsucht den Ausgleich sucht. Die Ballade „Der Tod des Erzbischofs Engelbert von Köln" greift einen Kriminalfall des Mittelalters auf, der sich 1225 an der Ruhr ereignete. Wegen politischer Streitigkeiten lässt Graf Friedrich von Isenberg den Erzbischof ermorden. In der Folge dieses Verbrechens wird er hingerichtet und seine Burg bei Hattingen geschleift. Am Schluss der grausigen Ballade lenkt die Dichterin den Blick auf die Leiden von Frau und Kindern des Übeltäters, deren Schmerz die Sinnlosigkeit der politischen Gewalt deutlich werden lässt.

Obwohl das wärmere Klima des Bodensees und die größere Freiheit, in der sie dort arbeiten konnte, entscheidend für das schriftstellerische Schaffen der Droste war, hat ihre westfälische Heimat ihr Werk tief geprägt. In den Kleinstädten um die Burg Hülshoff und das Rüschhaus gibt es zahlreiche Gasthäuser und Ferienwohnungen, von denen aus der Besucher das westfälische Land erkunden kann. Die Baumberge, an deren Ausläufern die Burg Hülshoff liegt, überragt als einzige Erhebung die weite Ebene. Seit 1000 Jahren wird dort Sandstein abgebaut, der sogenannte Marmor des Münsterlandes. In Havixbeck gibt es dazu ein interessant gestaltetes Museum. Die Ausstellung, in der Kinder auch selbst einmal einen Stein bearbeiten dürfen, informiert über das Handwerk der Steinmetze und die vielen Kirchen, Skulpturen und Reliefs des Umlandes, die aus jenem Sandstein geschaffen wurden. Dies gilt auch für den höchstgelegenen Turm des Münsterlandes, den Longinusturm, im unweit gelegenen Nottuln. Er wurde 1901 errichtet, misst 32 Meter und bietet einen grandiosen Ausblick in die Weite des Landes. So sehr

Annette Droste-Hülshoff in dieser Landschaft beheimatet war, so bedeutete ihr die Heimat auf der anderen Seite auch Enge, Beschränkungen und Fernweh, die sie nur in ihrer Dichtung überwinden konnte. In einem frühen, mit „Unruhe" überschriebenen Gedicht heißt es am Schluss:

> Fesseln will man uns am eignen Herde!
> Unsre Sehnsucht nennt man Wahn und Traum,
> Und das Herz, dies kleine Klümpchen Erde,
> Hat doch für die ganze Schöpfung Raum!

▦ Adressen

Burg Hülshoff
Droste-Museum
Schonebeck 6
48329 Havixbeck
Öffnungszeiten:
April bis November: täglich 11–18.30 Uhr.
Weitere Informationen: www.burg-huelshoff.de

Rüschhaus
Am Rüschhaus 81
48161 Münster
Öffnungszeiten (nur mit Führung zu besichtigen):
März bis April: 11, 12, 14, 15 Uhr,
Mai bis Oktober: 10–17 Uhr stündlich (nicht 13 Uhr).
Weitere Informationen: www.muenster.de/stadt/museum/
rueschhaus.html

Baumberger Sandstein-Museum
Gennerich 9
48329 Havixbeck
Öffnungszeiten:
März bis Oktober: täglich außer montags 11–18 Uhr,
November bis Februar: täglich außer montags 13–18 Uhr.
Weitere Informationen: www.sandsteinmuseum.de

■ **Literatur**

Annette von Droste-Hülshoff: Des Grauens Süße. Ein Lesebuch von Dieter Borchmeyer. München 1997.
Dies.: Die Judenbuche. Ausgewählte Gedichte. Frankfurt a. M. 2008.
Barbara Beuys: Blamieren mag ich mich nicht. Das Leben der Annette von Droste-Hülshoff. München und Wien 1999.
Josef Bieker, Ulrike Romeis, Ulrich Wollheim: Auf Annette von Droste-Hülshoffs Spuren. Hamburg 2006.
Winfried Freund: Annette von Droste-Hülshoff. Die Biografie einer bedeutenden Frau. München 2011.
Doris Maurer: Annette von Droste-Hülshoff. Biografie. Meersburg 2008.
Irmgard Roebling: Heraldik des Unheimlichen In: Gisela Brinker-Gabler (Hrsg.), Deutsche Literatur von Frauen, München 1988, S. 41–68.

Johann Wolfgang von Goethe
(1749–1832)

Auf Stippvisite in Düsseldorf

In Frankfurt am Main wurde Goethe geboren und dort wuchs er auf. In Weimar wirkte er als Minister. Dort schrieb er – zum Klassiker gereift – seine größten Werke. Doch abseits der berühmten Goethe-Zentren liegt im Rheinland eine dritte Sammel- und Ausstellungsstätte, die zwar weniger bekannt, aber reich bestückt ist: das Goethe-Museum in Düsseldorf. Gleich im Stadtzentrum am Rande des Hofgartens haben seltene Ausstellungsstücke und wertvolle Handschriften im barocken Schloss Jägerhof eine Heimat gefunden.

Einst Sitz des Oberjägermeisters, wurde das Schloss 1763 erbaut, und Goethe hat es sicherlich selbst gesehen, als er 1774 und 1792 auf dem angrenzenden Landsitz von Friedrich Heinrich Jacobi (1743–1819) zu Besuch war. Jacobi, ein wohlhabender Feingeist und Philosoph, hatte seinen eigenen Wohnsitz, das Gut Pempelfort, zu einem kleinen Kulturzentrum erhoben, das unter anderem die Brüder Humboldt und Christoph Martin Wieland zu seinen Gästen zählte. In seinen Lebenserinnerungen berichtet Goethe: „Wir gelangten nach Düsseldorf und von da nach Pempelfort, dem angenehmsten und heitersten Aufenthalt, wo ein geräumiges Wohngebäude an weite wohlunterhaltene Gärten stoßend, einen sinnigen und sittigen Kreis versammelte." Jacobi schrieb Beiträge für Christoph Martin Wielands angesehene Zeitschrift „Teutscher Merkur" und später für Schillers „Horen", dem wichtigsten Organ der deutschen Klassik. Goethe ermunterte ihn sogar, sich an Romanen zu versuchen, doch fanden diese dann doch nicht seine Anerkennung. Der gegenseitigen Sympathie tat dies keinen Abbruch. Ein Brief Jacobis von 1805, der im Museum ausgestellt ist, bezeugt einen späteren Besuch Jacobis bei seinem Freund in Weimar.

Als die Anton und Katharina Kippenberg-Stiftung einen Sitz für ihre umfangreichen Zeugnisse rund um Goethe und sein Schaffen suchte, bot sich der Jägerhof in der Nachbarschaft zu Jacobis Landsitz an. Anton Kippenberg, der 1950 starb, war Präsident der Weimarer Goethe-Gesellschaft und Inhaber des Insel Verlages in Leipzig. Sein ganzes Leben hindurch sammelte er Handschriften, Bilder, Zeichnungen, Buchausgaben, Karten, Theaterzettel und sonstige Gegenstände, die mit Goethe in Verbindung stehen oder den Geist seiner Zeit wiederspiegeln. Nach dem Krieg blieb er in Westdeutschland. Seine einzigartige Sammlung ist heute im Jägerhof zu besichtigen, wo sie sich über zwei Etagen und elf Themenräume ausbreitet.

Den Anfang machen Goethes Taufanzeige vom 2. September 1749 in den „Franckfurter Frag- und Anzeigungs Nachrichten" und ein Aquarell von Goethes Elternhaus. Der kleine Johann Wolfgang war Sohn eines wohlhabenden Juristen. Der Vater schickte ihn, nach umfassendem Privatunterricht, auf die Universität nach Leipzig und später zur Ausbildung ans Reichskammergericht nach Wetzlar. Goethe sollte in seine Fußstapfen treten und Rechtsanwalt werden. Tatsächlich eröffnete der junge Jurist in seiner Vaterstadt kurzzeitig eine Kanzlei. Im ersten Ausstellungsraum des Düsseldorfer Museums wird eine der wenigen erhaltenen Prozessakten aufbewahrt, die Goethes Unterschrift tragen.

Doch der junge Mann interessierte sich nicht besonders

für die spröde Jurisprudenz, lieber schrieb er Verse. In der Literatur fand er die Möglichkeit, sich als freie, selbstbewusste Persönlichkeit auszudrücken. Schon die frühen Gedichte Goethes revolutionierten die Lyrik. Statt sich in überlieferten Formen zu üben, scheinen Gedichte wie „Willkommen und Abschied" bei aller Präzision im Ausdruck ganz vom individuellen Empfinden bestimmt. Sie gelten heute als Höhepunkte der sogenannten Erlebnislyrik.

Goethe stand mit dieser neuen literarischen Haltung nicht allein. Ein ganzer Kreis jugendlich aufbrausender Dichter lehnte in den 1870er Jahren die herrschenden Autoritäten und Regeln ab und erhob Ursprünglichkeit des Gefühls, Individualität und Schöpfertum zum Ideal von Kunst und Leben. Nach einem Theaterstück Friedrich Maximilian Klingers wird diese Epoche Sturm und Drang genannt.

Der literarische Furor, das Aufbegehren des Individuums gegen überkommene Traditionen und die starke Betonung der Subjektivität hatten jedoch ihre Kehrseite. So thematisierte Goethe auch die problematischen Folgen eines überspannten Gefühlskultes, der Gefahr lief, das Ich von der Welt zu isolieren. Der Briefroman „Die Leiden des jungen Werther" steht exemplarisch für diese Tendenz. Angeregt durch eigene Liebesenttäuschungen beschrieb Goethe die Geschichte eines jungen Mannes, dem es an Halt im Leben gebricht und der sich unsterblich in ein bereits vergebenes Mädchen verliebt, es idealisiert und schließlich aus Verzweiflung an den Zwängen der Wirklichkeit den Freitod sucht. Mit seiner subjektiven Erzählweise in der Form gefühlvoller Briefe elektrisierte dieser Roman die Jugend. Wie kein zweites literarisches Werk traf der „Werther" den Nerv seiner empfindsamen Leserschaft, die sich ganz mit dem Protagonisten identifizierte und die Gesamtkonzeption des Romans oftmals gar nicht wahrnahm. Zugleich wurde der Roman als jugendgefährdend kritisiert. Der „Werther"-Raum im Düsseldorfer Goethemuseum dokumentiert eindrucksvoll seine erregte bis nervöse Aufnahme. Goethe war mit einem Schlag nicht nur in Deutschland, sondern in ganz Europa berühmt. In den Vitrinen finden sich selten zu sehende Bücher, die in direkter Reaktion auf den „Werther"-Erfolg entstanden. So befürchtete ein zeitgenössischer Autor unter dem Titel „Das Werther-Fieber" schädliche Wirkungen für schwache Charaktere, während aufrechte Naturen dem Fieber zu widerstehen wüssten. Ein anderes Buch, „Die Leiden der jungen Wertherinn", betrachtet die Geschichte aus weiblicher Sicht. Auch die Ausgabe eines Schauspiels ist ausgestellt, in dem ein Vater daran verzweifelt, wie der „Werther" seiner Tochter den Kopf verwirrt. Mehrere Übersetzungen in verschiedene europäische Sprachen belegen, dass der Erfolg international war. An den Wänden des Saals hängen zeitgenössische Zeichnungen, Scherenschnitte und Stiche mit Romanszenen, darunter Illustrationen des bedeutenden Zeichners Daniel Nikolaus Chodowiecki. Die Ausstellung vermittelt anschaulich, wie Goethe mit dieser Publikation zum Star unter den jungen Autoren seiner Zeit wurde.

Nach lediglich 28 Gerichtsprozessen, von denen einige sogar noch von seinem Vater geführt werden mussten, verließ Goethe seine Heimatstadt Frankfurt in Richtung Weimar. In dem damals allen kulturellen Ambitionen des Hofes zum Trotz noch recht verschlafenen Nest begann für ihn ein neuer Lebensabschnitt. Der Erbprinz, Karl August von Sachsen-Weimar-Eisenach, wurde ihm ein lebenslanger Freund. Im Düsseldorfer Museum ist Goethes Visitenkarte aus der Weimarer Zeit zu begutachten, die ihn als Geheimen Rat ausweist. Denn Karl August bestellte den jungen Juristen zum großen Ärger der adligen Räte in sein Regierungsconsilium, in dem Goethe nach kurzer Zeit zum Minister aufstieg. Er übernahm neben dem Weimarer Liebhabertheater und anderen kulturellen Aufgaben auch politisch-praktische Verantwortung, der er sich zur Überraschung der altgedienten Ministerkollegen erstaunlich gut gewachsen zeigte. Goethe suchte in seiner Tätigkeit Erfahrungen jenseits der bürgerlichen und gelehrten Welt und verfolgte anfänglich zugleich hochgesteckte Reformpläne. Die Begegnung mit der unglücklich verheirateten Hofdame Charlotte von Stein half dem bisherigen Stürmer und Dränger, seine unsteten und leidenschaftlichen Regungen zu kontrollieren und zu einem gefestigten und souverän auftretenden Mitglied der Hofgesellschaft zu werden. Goethe und Frau von Stein schrieben sich Tausende von Briefen und Billetts. Die Ausstellung zeigt unter anderem Handschriften der für Goethes Leben bedeutenden Freundin und Gefährtin.

Während Goethe sich zu Anfang seiner Weimarer Jahre noch mit Verve seinen administrativen und gesellschaftlichen Aufgaben widmete, wurden ihm diese mit längerem Aufenthalt zunehmend zur Last und bedeuteten vor allem eine Einschränkung seines künstlerischen Schaffens. Nach gut zehn Jahren Dienst, in denen er sich um Bergbau, Militär, Straßenwesen und vieles mehr zu kümmern hatte, verließ Goethe 1786 über Nacht die Stadt und reiste ohne Vorankündigung und Abschied nach Italien. Es wurde eine Reise von zwei Jahren. Erst auf dieser Reise und im Zuge ihrer künstlerischen Verarbeitung entwickelte sich Goethe zum Klassiker als der er in die Literaturgeschichte eingegangen ist. Im Düsseldorfer Museum lässt sich auf einer großen Landkarte sehr schön sein Reiseweg nachvollziehen, der unter anderem nach Rom und Sizilien führte. Zeitgenössische Stiche und Bilder vermitteln Eindrücke von Landschaften, Städten und Bauwerken der einzelnen Stationen. Goethe stürzte sich in das leichtlebige Treiben des mediterranen Kulturkreises, das sich von den Zwängen der Weimarer Hofgesellschaft so angenehm abhob; er schrieb, malte und trieb naturwissenschaftliche Studien. Vor allem aber beeindruckten ihn die Kunstwerke der Antike und der Renaissance. In den antiken griechischen Statuen spiegelten sich für Goethe wie für den Kunsthistoriker Johann Joachim Winckelmann „edle Einfalt" und „stille Größe". Auch dessen Schriften, die für die Herausbildung der Klassik von großer Wichtigkeit waren, werden im Museum in zeitgenössischen Ausgaben gezeigt. Die antike Kunst wurde von Winckelmann als Ausdruck eines Menschentypus gesehen, der nicht von Leidenschaften getrieben ist, sondern in sich ruht und in der Einheit von Natur und Mensch, Sinnlichkeit und Verstand, Einzelnem und Ganzen lebt. Weder Winckelmann noch Goethe schwebte für die Gegenwart eine einfache Nachahmung der antiken Kunst und ihres Schönheitsideals vor. Doch Goethe begriff das bewunderte rechte Maß und die harmonischen Proportionen der antiken Formen als unmittelbar der Natur nachempfunden und sah sie daher als weiterhin gültig an.

In diesem Zusammenhang sind auch seine naturwissenschaftlichen Studien zu sehen, die den Gesetzmäßigkeiten von Kunst und Natur nachforschen. Neben seiner Schrift über die Metamorphose der Pflanzen (1790), in der er versucht, den Wuchs der Pflanzen aus einer Urpflanze zu erklären, ist in diesem Zusammenhang vor allem seine voluminöse, gegen Isaac Newton gerichtete Farbenlehre von 1810 zu nennen. Im Düsseldorfer Museum sind Apparaturen nachgebaut, die Goethe für seine optischen Experimente benutzte. Genaue Anleitungen geben dem Besucher die Möglichkeit, die Versuche an Ort und Stelle nachzuvollziehen.

Im Anschluss an die Italienreise und nach ausführlichen Reflexionen über das Wesen der Kunst entwickelte Goethe eine neue Vorstellung von Literatur und Dichtung. Er verlangte nun Ausgleich der Gegensätze, Klarheit der Form (anstelle der Konzentration auf subjektive Wahrnehmung und Leidenschaften, wie im Sturm und Drang verfochten) und die Öffnung des Ich zur Welt. Nun entstanden die als klassisch zu bezeichnenden Werke wie das Bühnenstück „Iphigenie auf Tauris", gleichsam eine Gründungsurkunde der Weimarer Klassik, das Humanitätsdrama „Torquato Tasso", das vor dem Hintergrund der Französischen Revolution spielende Versepos „Hermann und Dorothea" oder der Bildungsroman „Wilhelm Meister", der Friedrich Schlegel zufolge neben den zeitgeschichtlichen Umwälzungen und den Innovationen auf dem Felde der Wissenschaft zu „den großen Tendenzen des Zeitalters" gehört.

Zur künstlerischen Entwicklung Goethes trug sicherlich auch das Umfeld des Weimarer „Musenhofs" bei. Als der junge Goethe in dem kleinen Herzogtum eintraf, war mit Christoph Martin Wieland bereits ein bedeutender Literat vor Ort. Goethe selbst holte den befreundeten Theologen Johann Gottfried Herder nach Weimar, wo dieser eine Stelle als Superintendent erhielt und ein mehrbändiges Werk zur Geschichtsphilosophie verfasste. Als Vierter stieß Friedrich Schiller dazu. Ähnlich wie Goethe hatte auch er sich vom einstigen Stürmer und Dränger zum Klasiker gewandelt. Nach anfänglicher Distanz schlossen Goethe und Schiller – bald schon mit den Dioskuren verglichen – bei einem Gespräch über die Urpflanze enge Freundschaft und standen forthin, bis zum frühen Tod Schillers 1805, in regem Austausch.

Ein ganzer Ausstellungssaal des Düsseldorfer Museums ist dem „Faust" gewidmet. Das gewaltige Projekt beschäftigte

Goethe sein ganzes Leben. Als junger Mann arbeitete er die ersten Szenen aus, als 82-Jähriger setzte er die Schlussverse von „Faust II". Diese sind in der Handschrift zu sehen wie auch die originalen Programmzettel der Uraufführung am Hoftheater Braunschweig 1829 und der Weimarer Premiere im gleichen Jahr. Der Saal zeigt ferner eine beeindruckende Auswahl der zahllosen Illustrationen zum „Faust" und Übersetzungen in alle nur denkbaren Sprachen. Sogar das Originalmanuskript eines chinesischen Übersetzers findet sich. Vermutlich hat der „Faust" eine solch gigantische Wirkung erzielt, weil Goethe in dem vielschichtigen Werk nichts weniger versucht hat, als das Drama des modernen Menschen zur Darstellung zu bringen: Dieser hat sich aus den alten Abhängigkeiten gelöst, doch mit der Verabsolutierung seines Wissendranges, seiner schöpferischen Energie und seines Anspruchs auf Selbstbestimmung macht er sich schließlich schuldig und bringt Unheil und Leid über die Menschen.

Goethes Düsseldorfer Gastgeber, Friedrich Heinrich Jacobi, und seinem familiären und geistigen Umfeld ist im Museum ebenfalls ein Raum gewidmet. Drei Gemälde zeigen ihn in unterschiedlichen Lebensabschnitten von der Jugend bis zum Alter. Das mittlere wurde übrigens für Johann Wilhelm Ludwig Gleims legendäre Porträtgalerie in dessen Freundschaftstempel in Halberstadt angefertigt, in Düsseldorf hängt es in Kopie. In einer Vitrine ist der zeitgenössische Katalog der einst berühmten Gemäldesammlung alter Meister zu sehen, die Kurfürst Johann Wilhelm von der Pfalz (1658–1716) in Düsseldorf begründet hatte. Bei seinem Düsseldorf-Besuch im Jahr 1774 zeigte sich auch Goethe von der Sammlung tief beeindruckt. In seinen Lebenserinnerungen schrieb er: „In der Düsseldorfer Galerie konnte meine Vorliebe für die niederländische Schule reichlich Nahrung finden." In den Wirren der Napoleonischen Kriege 1805 und infolge Vererbung gelangten die größten Teile der Sammlung nach München, wo sie heute in der Alten Pinakothek zu sehen sind. Eine Reihe von Gemälden verblieb jedoch am Rhein und gehört heute zum Bestand des Museums Kunstpalast. Der imposante Bau von 1926 beherbergt Gemälde und Skulpturen vom Mittelalter bis zur Moderne, bietet aber auch dem Glasmuseum Hentrich, der graphischen Sammlung sowie Wechselausstellungen Raum.

Der Kunstpalast ist leicht zu finden, weil er vom Jägerhof aus genau am anderen Ende des Hofgartens liegt. Auf dem Weg dorthin empfiehlt sich ein kurzer Umweg zu dem bereits erwähnten einstigen Wohnhaus Friedrich Heinrich Jacobis neben dem Goethe-Museum. Es dient seit Mitte des 19. Jahrhunderts der Künstlervereinigung „Malkasten" als Domizil und ist von einem kleinen Park umgeben, der gegen Eintritt besucht werden kann. Jenseits der viel befahrenen Jacobistraße beginnt der Hofgarten, der sich bis zum Rhein erstreckt. Der ältere Teil der Grünanlage war 1769 mit der damals neuartigen Absicht angelegt worden, der Bevölkerung ein Erholungsgebiet zu schaffen. Der Hofgarten war somit der erste Volkspark Deutschlands und diente als Vorbild für den berühmten Englischen Garten in München. Oftmals nach dem jeweiligen Zeitgeschmack umgestaltet, bildet der Hofgarten entlang der Düssel noch heute die grüne Lunge der Stadt.

Am Hofgarten, ein Stück weiter in Richtung Rhein, liegt auch das Theatermuseum. Ein Besuch lohnt sich schon deshalb, weil der Reisende hier wieder Goethe begegnet. In der kleinen Ausstellung über die Anfänge des deutschen Theaters ist der Weimarer Theaterdirektor mit seinem Regelwerk für Schauspieler vertreten. Dialektfärbung, theatralische Gesten und Alleingänge auf der Bühne wollte Goethe ausgeschlossen wissen. Grundlage der neuen Aufführungspraxis war Johann Christoph Gottscheds (1700–1767) theoretische Abhandlung „Versuch einer Critischen Dichtkunst", die in einem zeitgenössischen Exemplar präsentiert wird. Interessant sind nicht zuletzt Abbildungen von Kostümen aus dem 19. Jahrhundert, deren Besitz einem Schauspieler seinerzeit zuweilen bereits die jeweilige Rolle sichern konnte.

Der Spaziergang durch den Hofgarten endet am Kunstpalast und wer nun einen Blick auf den Rhein werfen möchte, braucht nur die Joseph-Beuys-Straße zu überqueren, die an den heute wohl prominentesten Künstler Düsseldorfs erinnert. Am Rheinufer führt eine breite Promenade in die Altstadt, die man nicht auslassen sollte. Sie lockt mit urigen Kneipen und Lokalen, in denen auf blankgescheuerten Holztischen regionale Spezialitäten wie Rheinischer Sauerbraten und Altbier serviert werden. Auf dem Marktplatz erhebt sich das stolze Reiterstandbild des schon erwähnten Kurfürsten Johann Wilhelm, von den Einheimischen kurz „Jan Wellem" genannt.

Die Landeshauptstadt von Nordrhein-Westfalen verfügt über ein breites Angebot von Museen, doch der Literaturfreund wird sich vor allem nach dem literarischen Aushängeschild der Rheinmetropole umschauen, nach Heinrich Heine. Der nach eigener Aussage „freieste Sohn des freien Rheins" wurde 1797 in dem damaligen Residenzstädtchen geboren, doch sein Geburtshaus steht nicht mehr. An dessen einstigem Standort in der Altstadt trägt heute eine Buchhandlung Heines Namen. Einige Gehminuten weiter liegt an der Bilker Straße das Heinrich-Heine-Institut, das auf der ersten Etage das einzige Heine-Museum Europas eingerichtet hat. Darin sind Ansichten des alten Düsseldorf zu sehen, verschiedene

Handschriften und Ausgaben von Heines Dichtungen sowie Gegenstände aus dem Familienbesitz. Ein eigener Raum ist dem bekannten Loreley-Gedicht „Ich weiß nicht was soll es bedeuten" gewidmet, unter anderem mit einer eigenhändigen Abschrift Heines von 1838 und Bildern und Grafiken zum Loreley-Mythos. Auch Goethe trifft der Besucher hier wieder. 1824 hatte Heine von Göttingen aus schriftlich um Audienz gebeten, die ihm auch gewährt wurde. Doch scheint Goethe der Besuch nicht besonders beeindruckt zu haben. Außer dem lapidaren Vermerk „Heine von Göttingen" von der Hand eines Schreibers des Dichterfürsten ist kein Dokument überliefert. Für die Romantiker, obgleich er sie vielfach inspirierte, hatte der alt gewordene Klassiker nicht viel übrig. Für kritische Geister wie Heine erst recht nicht. Umgekehrt tat sich auch die neue Generation von Schriftstellern mit Goethe schwer. Die Befreiungskriege und der Kampf gegen die napoleonische Herrschaft hatten eine Welle des Patriotismus ausgelöst, der sich in seinem Werk nicht mehr widerspiegelte. Später stießen sich die jungen Revolutionäre des Vormärz an Goethes konservativer politischer Haltung. Zwar hatte Goethe stets begeisterte Anhänger, aber die breite Wiederentdeckung von Person und Werk erfolgte erst im letzten Drittel des 19. Jahrhunderts. Seitdem gilt Goethe nicht zuletzt als Vermittler grundlegender Werte, die bis heute die bürgerliche Kultur prägen.

■ **Adressen**

Goethe-Museum
Schloss Jägerhof
Jacobistraße 2
40211 Düsseldorf
Öffnungszeiten:
Dienstags bis freitags und sonntags 11–17 Uhr,
samstags 13–17 Uhr.
Weitere Informationen: www.goethe-museum. com

Heinrich-Heine-Institut
Bilker Straße 12–14
40213 Düsseldorf
Öffnungszeiten:
Dienstags bis freitags und sonntags 11–17 Uhr,
samstags 13–17 Uhr.
Weitere Informationen: www.duesseldorf.de/heineinstitut

Theatermuseum
Jägerhofstraße 1
40479 Düsseldorf
Öffnungszeiten:
Dienstags bis sonntags 13– 20.30 Uhr.
Weitere Informationen: www.duesseldorf.de/theatermuseum

Museum Kunstpalast
Ehrenhof 4–5
40479 Düsseldorf
Öffnungszeiten:
Dienstags bis sonntags 11–18 Uhr, donnerstags bis 21 Uhr.
Weitere Informationen: www.smkp.de

■ **Literatur**

Johann Wolfgang Goethe: Sämtliche Werke. Münchner
Ausgabe in 20 Bänden, hrsg. von Karl Richter. München 1986.
Ders.: Sämtliche Werke. Frankfurter Ausgabe in 40 Bänden,
hrsg. von Friedmar Apel. Frankfurt a. M. 1985.
Ders.: Werke. Hamburger Ausgabe in 14 Bänden, hrsg. von
Erich Trunz. München 1982 ff.

Dieter Borchmeyer: Goethe. Der Zeitbürger. München 1999.
Karl Otto Conrady: Goethe – Leben und Werk. Zürich 1994.
Richard Friedenthal: Goethe – sein Leben und seine Zeit.
München 2005.
Bernd Hamacher: Johann Wolfgang von Goethe. Entwürfe
eines Lebens. Darmstadt 2010.
Rüdiger Safranski: Goethe und Schiller – Geschichte einer
Freundschaft. München 2009.
Gero von Wilpert: Die 101 wichtigsten Fragen – Goethe.
München 2007.

Stefan George
(1868–1933)

Der magische Sprachästhet
aus Bingen am Rhein

Der neugotische Mäuseturm gehört zu den Wahrzeichen der Rheinlandschaft. Der ehemalige Signalturm für die Schifffahrt steht einsam auf einer winzigen Insel vor dem Binger Loch, einer für Schiffe einst gefährlichen Stelle. Um das niedliche Miniaturschloss in leuchtendem Rot und Weiß rankt sich die Legende vom bösen Bischof Hatto, der einst Hungernde verbrennen ließ und zur Strafe für seine Untaten von Mäusen aufgefressen wurde.

Der junge Stefan George hatte das Türmchen oft im Blick, wenn er von seinem Elternhaus am Ufer der Nahe, die in Bingen in den Rhein mündet, zu seinen Spaziergängen aufbrach. Nur einige Hundert Meter waren es von der väterlichen Weinhandlung bis zum Zusammentreffen der beiden Flüsse. George hat später behauptet, seine Weltläufigkeit und sein freier Geist gingen auf seine Herkunft vom Rhein zurück, der großen Wasserstraße, die das beschauliche Bingen mit der Welt verbindet.

Das Elternhaus, in dem George von seinem dritten Lebensjahr bis zu seiner Darmstädter Gymnasialzeit lebte und in das er später als reisender Student und Künstler immer wieder zurückkehrte, steht nicht mehr. Die Bomben des Zweiten Weltkrieges haben es zerstört. An das Haus an der

Uferstraße erinnert nur noch eine Plakette an einem Neubau, die die Stadtväter anbringen ließen, nachdem der eigentümliche Außenseiter George zu einer literarischen Berühmtheit geworden war. Auch die Uferstraße, heute eine große Verkehrsader der Stadt, trägt nun seinen Namen. Sie führt in den Nachbarort Büdesheim, in dem Stefan George 1868 geboren wurde. Wer gut zu Fuß ist, sollte sich den romantischen Weg dorthin entlang des wild bewachsenen Naheufers gönnen. Dort in Büdesheim an der Saarlandstraße 101 steht das Geburtshaus, gekennzeichnet durch eine Plakette. Die Familie war von dort 1873 ins größere Bingen umgezogen, wo der Vater einen besseren Standort für seinen Weinhandel fand. Vor Büdesheim steigen gleich die steilen Weinberge an, in denen George gern und oft spazieren ging und seine Gäste herumführte. Sie bieten eine grandiose Aussicht ins Tal. Informationstafeln zum Weinbau an den Wegen geben dem Spaziergänger interessante Einblicke in Bodenverhältnisse, Anbaumethoden und Pflege der Reben.

Nur wenige Hundert Meter vom Mäuseturmeck entfernt, am Ende der belebten Fußgängerzone und nur einen Steinwurf von der mächtigen Basilika St. Martin, liegt am Freidhof 9 das Stefan-George-Museum. Betrieben wird es von der Stefan-George-Gesellschaft, wesentlich unterstützt von der Stefan-George-Stiftung Stuttgart. Das denkmalgeschützte Fachwerkhaus aus dem 17. Jahrhundert steht zwar in keiner direkten Verbindung zum Dichter George, bietet aber den Binger Zeugnissen aus Georges Leben und Wirken seit 2004 endlich eine Heimstatt – nach Jahrzehnten der Provisorien. Die Nutzung des Hauses teilt sich die George-Gesellschaft mit der örtlichen Musikschule, weshalb zuweilen das Spiel von Instrumenten in die Museumsräume herüber klingt.

Im ersten Stock sind in mannshohen Vitrinen Exponate

aus Georges Leben zu sehen, die in chronologischer Anord-
nung einen Überblick über seinen künstlerischen und privaten Werdegang ermöglichen. Nach seiner Schulzeit folgten
Sprach- und Bildungsreisen in die Metropolen Europas. Offenbar hatte der Vater früh erkannt, dass sein versponnener,
introvertierter und recht exzentrisch auftretender Sohn als
Kaufmann wenig geeignet war. Jedenfalls finanzierte er ihm
monatelange Aufenthalte in England, Frankreich und Spa-
nien. Bedeutsam für Georges späteres Schaffen wurde vor allem seine Begegnung mit den Symbolisten in Paris. Der junge
Deutsche erhielt Zugang zum legendären Kreis um den
„Dichtervater" Stéphane Mallarmé, der mit seiner modernen
Lyrik die Dichtung Frankreichs zu revolutionieren half.
George übersetzte solche modernen Dichtungen ins Deutsche und wandte sich damit gegen den in Deutschland vor-
herrschenden Realismus und Naturalismus. So fand er zu
seinem eigenen Stil. Elitär ist die Dichtung Georges, nur der
Schönheit verpflichtet; die Worte erscheinen wie die von ihm
so geschätzten Edelsteine: glänzend, einzigartig, nicht aus-
tauschbar. Entsprechend akribisch hat George an den Versen
gefeilt. Die frühen Gedichte sind besonders der sterbenden
und vergehenden Natur gewidmet, während politische oder
alltagstaugliche Aussagen konsequent ausgeblendet bleiben.
Fiebrige erotische Fantasien und Träume von der eigenen
Größe durchziehen den berühmten „Algabal"-Zyklus, der im
ästhetisierten Schattenreich eines gottgleichen Herrschers
spielt. Ob Natur, Seele oder Rausch – letztlich gehorchen die
Verse nur einem Prinzip: der ästhetischen Vollendung.

Um mit seiner avantgardistischen Dichtung an die Öffentlichkeit zu treten und gleichgesinnte Künstler anzusprechen,
gab George mit seinem Freund Karl August Klein seit 1892
eine kleine Zeitschrift im Eigenverlag heraus, die in strenger

Schlichtheit aufgemachten „Blätter für die Kunst". Dadurch verschaffte er sich erstes Gehör in Kreisen der literarischen Moderne und fand Zugang zu wohlwollenden Förderern. Ausgaben der „Blätter", deren letzter Band 1919 erschien, sind im Museum zusammen mit Ausgaben seiner Gedichtbände ausgestellt. George bündelte seine Gedichte zu streng komponierten Zyklen, die er unter einem gemeinsamen Obertitel herausgab. Die Titel seiner berühmtesten Sammlungen geben einen ersten Eindruck seiner dichterischen Sprache: „Algabal" (1892), „Das Jahr der Seele" (1897), „Der Siebente Ring" (1907), „Der Stern des Bundes" (1914) und „Das Neue Reich" (1928).

George achtete nicht nur auf die inhaltliche Stimmigkeit der Gedichtsammlungen, sondern auch penibel auf deren äußere Gestaltung. Der Grafiker Melchior Lechter versah die Titel nach Georges Vorstellungen mit kunstvollen Typografien in der Art des Jugendstils. George entwarf als Grundschrift sogar eine eigene Type, die „George-Schrift". Da er ohnehin alle Substantive grundsätzlich kleinschrieb, mit Ausnahme weniger bewusster Hervorhebungen, und sich auch für die Interpunktion eigene Zeichen ausdachte, entstand schon vom Schriftbild her eine unverwechselbare Note. Auch die äußeren Formen mussten seinem ästhetischen Anspruch genügen. Von der ästhetischen Kraft seiner Sprache zeugen beispielsweise die berühmten Verse der Eingangsstrophe des Zyklus „Das Jahr der Seele" aus dem Jahre 1897:

Komm in den totgesagten park und schau:
Der schimmer ferner lächelnder Gestade ·
Der reinen wolken unverhofftes blau
Erhellt die weiher und die bunten pfade.

Dort nimm das tiefe gelb · das weiche grau
Von birken und von buchs · der wind ist lau ·
Die späten rosen welkten noch nicht ganz ·
Erlese küsse sie und flicht den kranz ·

Vergiss auch diese letzten astern nicht ·
Den purpur um die ranken wilder reben ·
Und auch was übrig blieb vom grünen leben
Verwinde leicht im herbstlichen gesicht.

Der Herbst ist Georges Jahreszeit. Nicht der Tod, aber das all-
mähliche, fast unmerkliche Vergehen der Natur reizte seine
Sinne. Im Gedicht entdeckt der präzise Betrachter Leben und
Schönheit im von anderen bereits „totgesagten" Park. Die Na-
tur erscheint in mildem Licht, scharfe Gegensätze und grelle
Erscheinungen sind verschwunden, was sich auch in der aus-
geglichenen, optimistisch klingenden Sprache spiegelt. Das
Gedicht weckt Zuversicht und Lebensfreude, die auch der
Schönheit der zugrunde gehenden Natur abgewonnen werden
können. Die Verse sind – wie oft bei George – eine Feier des
Schönen durch eine ausgefeilte, intensive Sprache.

Lässt sich in seinen ersten Gedichtsammlungen vor allem
das Bemühen um eine neue Kunst, um eine erneuerte, rei-
nere lyrische Ausdruckskraft erkennen, so scheint später immer mehr der Wunsch nach einer Ästhetisierung des eigenen
Lebens und der Welt im Vordergrund zu stehen. Aus dem
Mitarbeiterkreis seiner „Blätter" bildete sich eine geistige Gemeinschaft, ein „Bund", den er selber „Staat" nannte und der
gemeinsamen künstlerischen und geistigen Grundsätzen verpflichtet war. Als „George-Kreis" hat der elitäre Klub, dem
sich nach und nach immer mehr Gelehrte und Künstler zu-
gehörig fühlten, schaurig-faszinierende Berühmtheit erlangt.
Mit George als unangefochtenem Mittelpunkt war der Kreis

vielfach durch Riten, kultische Inszenierungen und homo-
erotische Freundschaften geprägt. Aus dem Wunsch nach
Ästhetisierung erhob George gar einen Gymnasiasten, der
George durch frühreife Gedichte und seine äußere Erscheinung beeindruckt hatte, zur weihevollen Ikone des Kreises.
Als der Schüler plötzlich verstarb, widmete ihm der „Meister", wie George im Kreis genannt wurde, ein eigenes Buch
und schuf unter dem poetischen Namen Maximin einen Ver-
ehrungskult um den Toten.

Der männerbündische Kreis mit seinen weiten Verzwei-
gungen in der wissenschaftlichen und geistigen Elite sah
sich – nach einer Formulierung des George-Freundes Karl
Wolfskehl – als „das geheime Deutschland". Der Hitler-At-
tentäter von 1944, Claus von Stauffenberg, der mit seinen
Brüdern zum George-Kreis gehört hatte, soll vor seiner Er-
schießung im Bendlerblock angeblich gerufen haben: „Es
lebe das geheime Deutschland", was allerdings nicht bewie-
sen ist. Daher sind besonders mit dieser Wendung die Dis-
kussionen verknüpft, ob George und der Kult um ihn dem
Nationalsozialismus eher dienlich oder entgegengesetzt waren. Die Frage bleibt umstritten, der George-Kreis ist politisch nicht klar zuzuordnen. Einige Mitglieder des Kreises
wurden Hitler-Verehrer, andere gingen bei Hitlers Macht-
antritt in die Emigration oder in den Widerstand. George
selber, der Ende 1933 gestorben ist, hat sich in politischen
Angelegenheiten nicht eindeutig geäußert. Er reiste im Jahre
der Machtergreifung Hitlers, schon sehr krank und schwach,
ins schweizerische Musino, wo er noch im gleichen Jahr verstarb. Anhänger seines „Staats", unter anderem auch die
Stauffenberg-Brüder, hielten die Totenwache und gaben dem
Leichnam das letzte Geleit. Die ideologischen Gräben unter
den Verehrern Georges, die in den letzten Jahren die Politik

gerissen hatte, ließen sich auch nach der Beerdigung nicht verleugnen. Die Niederlegung eines Trauerbandes mit Hakenkreuz am Grab Georges durch die neue deutsche Reichsregierung löste unter den vor Ort verbliebenen Trauernden Dissonanzen aus.

Auch die Wirkungsgeschichte Georges wird im Museum thematisiert, so beispielsweise bei den Brüdern Stauffenberg. Aber auch die von George selbst geschaffenen Mythen werden behandelt, so der Kult um „Maximin" oder die tragische Freundschaft zwischen den George-Jüngern Berthold von Uxkull und Alexander Cohrs. Die jungen Soldaten flohen kurz vor Ende des Ersten Weltkriegs an den Niederrhein, um von dort die grüne Grenze nach Holland zu überwinden. Ihre Fahnenflucht wurde jedoch verraten, und sie begingen Selbstmord. Das Grab der Unglücklichen befindet sich auf dem historischen Friedhof der niederrheinischen Stadt Kaldenkirchen. Diese traurige Geschichte wurde im George-Kreis zur Romantisierung des Todes genutzt.

Zu Georges geistigem Kosmos gehörte die Verehrung historischer Figuren, die er als „Künder" seines eigenen Kunstsinns und seines Weltbildes sah. Im Museum werden die teilweise meisterhaften Biografien und historischen Sachbücher aufgeführt, die Mitglieder des Kreises auf Georges Anraten und mit seiner tatkräftigen Unterstützung verfasst haben. Zu den verehrenden Biografien, die teilweise im eigenen Verlag der „Blätter für die Kunst" erschienen, gehören Werke über den Stauferkaiser Friedrich II., Nietzsche und nicht zuletzt Goethe.

Für den Bingen-Reisenden mag die Person Goethe Anlass für einen weiteren kleinen Ausflug sein. Denn dieser hinterließ der Stadt höchstpersönlich ein Souvenir. Verlässt man die George-Gedenkstätte und läuft durch die Fußgängerzone, gelangt man schließlich an den Fuß des Rochusberges. Eine breite, steile Straße führt zum Plateau hinauf. Sie ist gesäumt mit Heiligenstationen, weil sie zum Jakobsweg, der Pilgerstraße nach Santiago de Compostella, gehört. Auf dem Berg, von dem man einen großartigen Blick über den Rhein und das benachbarte Rüdesheim bis weit ins Land hinein genießen kann, steht die Rochuskapelle. Allerdings wird der Begriff „Kapelle" dem eher kathedralenartigen Bauwerk nicht ganz gerecht. Benannt ist sie nach dem Heiligen Rochus, dessen Statue in einer Nische über dem Eingangsportal steht. In dieser Kirche nun, leider ein wenig versteckt in einem Nebenraum, hängt ein Gemälde, das von Goethe gestiftet wurde. Wie war es zu der Schenkung Goethes gekommen? Der Geheimrat aus Weimar hielt sich 1814 zu Besuch in Rüdesheim auf, als die Binger auf dem gegenüberliegenden Berg ihre neu erbaute Rochuskapelle einweihten. Das ursprüngliche Gebäude war 1795 im Krieg zerstört worden. Eine lange Prozession von Rochuspilgern zog den Berg hinauf und auch Goethe schloss sich dem Besucherstrom an. Er war von dem Fest und der Kapelle so beeindruckt, dass er sich entschloss, der Gemeinde ein Geschenk zu hinterlassen. Er gab ein Gemälde bei einer Jenaer Malerin in Auftrag. Das Bild gibt die Schlüsselszene aus der Legende des Heiligen Rochus wider, wie dieser Heimat und Wohlstand verlässt, um sein Leben den Armen und Kranken zu widmen. Dabei soll die Malerin der Heiligenfigur die Gesichtszüge Goethes verliehen haben. Die Kirche wurde übrigens noch einmal zerstört, im Jahre 1889, diesmal durch einen Brand. Das Bild aber blieb bewahrt und fand nach dem Wiederaufbau der Kapelle einige Jahre später seinen Platz in einem Raum, der heute als Goethekapelle bezeichnet wird. Leider ist aus Sicherheitsgründen meist nur das Foyer des Kircheninneren zugänglich. Daher sollten sich Besucher am besten anmelden, um das farbenprächtige Bild sehen zu können.

Auch Stefan George hat den Rochusberg öfters besucht, wenn er von Zeit zu Zeit in das Elternhaus an der Nahe zurückkehrte. Die meiste Zeit aber lebte er an anderen Orten. Gleich nach den Auslandsreisen seiner Jugendzeit nahm er ein Studium in Berlin auf, das er aber nach wenigen Lehrveranstaltungen versanden ließ. Er hatte längst Beziehungen zu Dichtern und Literaturinteressierten geknüpft. Damit begann ein unstetes Reiseleben, das er zeitlebens beibehielt. Ohne festen Wohnsitz und ohne bürgerlichen Beruf, ausgestattet mit bescheidenen Kapitalerträgen aus dem elterlichen Vermögen, reiste er von Freund zu Freund, pendelte zwischen Berlin, München, diversen Ferienorten und gelegentlich auch wieder Bingen. Deshalb ist es nicht verwunderlich, dass im Museum kaum etwas von Georges Einrichtung erhalten ist. So müssen sein Schreibpult und Teile seiner Bibliothek neben Schulzeugnissen und Schriftproben als Originalexponate ausreichen. Lohnend ist eine Audio-Installation der Ausstellung, an der Rezitationen von George-Gedichten gehört werden können. Darüber hinaus zeugen die zahlreichen Bronzebüsten von Mitgliedern des Kreises, die von Bildhauern und George-Freunden wie Ludwig Thormaehlen oder Victor Frank geschaffen wurden, von der großen Wirkung des Mannes aus Bingen. Seine eigene Statue, geschaffen von Alexander Zschokke, steht vor dem Museumsgebäude allein auf dem Platz.

■ **Adressen**

Stefan-George-Museum
Freidhof 9
55411 Bingen am Rhein
Öffnungszeiten:
dienstags, donnerstags und samstags 14–17 Uhr und nach
Vereinbarung.
Weitere Informationen: www.bingen.de
                              www.stefan-george-gesellschaft.de

Museum am Strom
(Hildegard-von-Bingen-Ausstellung)
Museumstraße 3
55411 Bingen am Rhein
Öffnungszeiten:
Dienstags bis sonntags 10–17 Uhr.
Weitere Informationen: www.bingen.de

■ **Literatur**

Stefan George: Gedichte, hrsg. von Günter Baumann.
Stuttgart 2008.
Ders.: Gedichte, hrsg. von Ernst Osterkamp. Frankfurt a. M.
2005.

Marcel Beyer: Stefan George, die Brüder Stauffenberg und die
Eindeutigkeit. In: Heinz Ludwig Arnold (Hrsg.), Text und Kritik,
Heft 168, Stefan George, München 2005.
Thomas Karlauf: Stefan George. Biographie. München 2007.
Leo Peters: Zum Freitod von Bernhard Graf Uxkull-Gyllenband
und Adalbert Cohrs. In: Heimatbuch des Kreises Viersen.
Viersen 2004.
Ulrich Raulff: Kreis ohne Meister. Stefan Georges Nachleben.
München 2009.
Armin Schäfer: Die Intensität der Form. Stefan Georges Lyrik.
Köln 2005.

E. T. A. Hoffmann
(1776–1822)

Lehr- und Marterjahre
in Bamberg

Zuweilen stehen literarische Erinnerungsstätten etwas im Schatten ungleich bekannterer Sehenswürdigkeiten. So auch in Bamberg. Die fränkische Bischofsstadt mit den vielen prächtigen Kirchenmonumenten, darunter der imposante Dom, und den historischen Bürgerhäusern ist so reich an Kunstschätzen, dass das schlichte und gerade mal zwei Fenster breite Häuschen, in dem der romantische Dichter E. T. A. Hoffmann von 1809 bis 1813 wohnte, vielfach gar nicht auf der Agenda der Touristen steht.

In der Tat lenkt die unzerstörte Altstadt mit dem Domberg, der steil zum riesigen Schlossareal ansteigt, die Aufmerksamkeit zunächst auf augenfälligere Bauwerke aller Epochen. Schon beim Betreten der Brücke über die Regnitz, um in die Altstadt zu gelangen, muss der Besucher gleich wieder überwältigt stehen bleiben: Mitten im Fluss, errichtet auf einer künstlichen Insel, haben die Bamberger des Spätmittelalters ihr Rathaus erbaut. Grund für die einzigartige Platzierung waren Grenzstreitigkeiten der Bürger mit dem Bischof. Der später angefügte Fachwerkbau, der teilweise frei über dem Fluss schwebt, bildet das Motiv unzähliger Erinnerungsfotos. Auf der Brücke selbst wachen die überlebensgroßen Statuen Kaiser Heinrichs II. und seiner Frau Kuni-

gunde. Das heiliggesprochene Paar gründete den Bamberger
Dom, der zu den bedeutendsten Sakralbauten des deutschen
Mittelalters zählt. Insbesondere der „Bamberger Reiter", ein
kunstgeschichtlich einmaliges Standbild aus dem 13. Jahrhundert an einem Pfeiler im Inneren der Kirche, zieht die Be-
sucherströme in den Dom. Wer noch mehr über den Bamberger Kaiserdom und die Geschichte des Bistums erfahren
will, dem bietet das angrenzende Diözesanmuseum weitere
Ausstellungstücke und Informationen. Neben vielen bedeutenden Sakralschätzen des Mittelalters zeigt es auch die gold-
bestickten Mäntel der Domgründer sowie das Grabornat des
1047 gestorbenen Papstes Clemens II. Gleich gegenüber dem
Dom erstreckt sich die schlossartige Neue Residenz mit
prunkvoll bemalten Repräsentationssälen, einst Sitz des
Fürstbischofs. Darin befindet sich heute auch die Staatsgale-
rie, die rund 200 Kunstwerke der altdeutschen und barocken
Malerei enthält. Unbedingt empfehlenswert ist ein Spaziergang durch den Rosengarten im Innenhof, der sich im Sommer in ein farbiges Blütenmeer verwandelt und von dem aus
der Besucher zur doppeltürmigen Michaelskirche aus dem
12. Jahrhundert hinaufschauen kann. Wer diesem verlocken-
den Anblick folgt, ersteigt ein Plateau, das noch einmal
30 Meter höher liegt als der Domberg und eine grandiose
Aussicht über die Stadt bis in die Fränkische Schweiz in der
Ferne erlaubt. Neben der Kirche lohnt hier oben auch ein Besuch des fränkischen Brauereimuseums, das in einem ehemaligen Benediktinerklosters des 11. Jahrhunderts untergebracht ist. Ein Tipp: Wer den Abstieg vom Bergrücken durch
den steilen, grünen Hanggarten nimmt, gelangt zur Unteren
Sandstraße, an der ein kleines, aber feines Marionettentheater liegt. Die winzige Bühne ist ein Relikt aus dem Jahre 1821,
die musikalischen Aufführungen sind absolut sehenswert.

Wieder angekommen in den Gassen der Altstadt, findet der Tourist überall gemütliche Gaststätten, in denen er ausruhen und sich mit einem Rauchbier erfrischen kann, der Spezialität Bamberger Braukunst, das tatsächlich nach Qualm riecht und schmeckt.

Nachdem nun aber die Schätze des alten Bambergs, die der Stadt das Siegel des Weltkulturerbes eintrugen, besichtigt sind, sollte es der Besucher nicht versäumen, auch das E. T. A.-Hoffmann-Haus zu besuchen. Dazu kann er vom Domplatz aus durch die schönen Altstadtsträßchen der guten Ausschilderung zum städtischen Theater folgen. Hier war Hoffmanns Wirkungskreis. Der Platz trägt seinen Namen, das Theater ebenfalls.

Den späteren Schriftsteller berief die Theaterleitung im Herbst 1809 als Musikdirektor nach Bamberg. Zwar war Hoffmann im Hauptberuf Jurist in preußischen Diensten, doch hatte er nach dem Einmarsch Napoleons in Preußen wie viele andere Staatsbeamte seine Stelle verloren, weil er sich nicht auf den französischen Herrscher vereidigen lassen wollte. Ein ganzes Jahr lang hungerte sich der arbeitslose Regierungsrat durch Berlin. Frau und Töchterchen lebten derweil bei Verwandten in Posen, wo zu allem Unglück noch die Tochter verstarb.

Statt zu resignieren, verlegte sich Hoffmann auf seine zweite Kompetenz: die Musik. Schon zuvor, auf seinen beruflichen Stationen in Posen und Warschau, komponierte er neben den juristischen Tagesgeschäften Singspiele und Klavierstücke, die auf kleinen Bühnen aufgeführt wurden. Hoffmann führte schon zu dieser Zeit eine Doppelexistenz: einerseits ein verantwortungsvoller Beamter, der sich als Diener eines Rechtsstaates verstand, andererseits eine wilde Künstlernatur. Dieser Zwiespalt sollte sein ganzes künstlerisches

Werk prägen, aber auch sein Leben: Aus Posen wurde Hoffmann in die tiefste Provinz strafversetzt, weil er Karikaturen
von den Spitzen der dortigen Gesellschaft gezeichnet und in
Umlauf gebracht hatte. Zeichnen war Hoffmanns dritte Be-
gabung. Sie offenbarte schon früh, was später in den Erzählungen und Romanen ebenfalls zum Ausdruck kommen
sollte: Kritikfreude und wache Skepsis gegenüber Adel wie
Bürgertum.

Da während seines Berliner Hungerjahrs für Hoffmann, auch wenn er bereits erste Schreibversuche unternom-
men hatte, von seinen verschiedenen künstlerischen Bega-
bungen noch die Musik im Zentrum stand, bewarb er sich
auf die Stelle des Musikdirektors des Bamberger Theaters. Er
wurde eingestellt, obwohl er noch keinen Verleger für seine
Kompositionen gefunden hatte und in Fachkreisen meist als
Freizeitmusiker nicht ganz ernst genommen wurde. Er begab
sich mit seiner Frau auf die Reise nach Süddeutschland. In
seinem Tagebuch vermerkte er: „D. 1. September in Bamberg
angekommen". Ein für die Bamberger bedeutender und deshalb gern zitierter Satz, der heute etwa auf Aufschriften am
Rand des Spazierweges, den Hoffmann in seiner Bamberger
Zeit nahm, zu lesen ist.

Allerdings stellten sich aus Hoffmanns Sicht die Bamberger Jahre in der Bilanz als recht durchwachsen dar. Als
Musikdirektor musste er bereits nach seinem ersten Konzert
zurücktreten, weil die Opernaufführung missfiel und ihm
schwere Fehler vorgeworfen wurden. Wieder musste sich
Hoffmann durchschlagen und arbeitete unter anderem als
Musiklehrer. Als das Theater einen neuen Direktor bekam,
konnte Hoffmann in wechselnden Anstellungen abermals
am Theater arbeiten. Er komponierte Stücke, die Beifall fanden, und führte als Regisseur und Ausstatter zusammen mit

dem neuen Theaterleiter die provinzielle Bühne zu neuem
Ansehen. Im Privatleben bahnte sich ein schwerer Konflikt
an, als sich der 35-jährige und verheiratete Hoffmann in eine
blutjunge Musikschülerin verliebte. Eine Liebe, für die es
keine Zukunft gab. Doch Hoffmann verarbeitete auch diese
erneuten Rückschläge in seiner Kunst, die für ihn nun zunehmend Schreiben bedeutete. Auch wenn Hoffmann noch
vornehmlich als Musiker tätig war, so lässt sich im Rückblick
sagen, dass er in Bamberg zum Schriftsteller wurde.

Gleich hinter dem Theater, am heutigen Schillerplatz, liegt
Hoffmanns damaliges, schmales Wohnhaus. Hoffmann und
seine Frau bewohnten Wohnzimmer und Küche im zweiten
Stock sowie die Mansarde mit Schlaf- und Arbeitszimmer.
Von 1930 an wurde zunächst die ehemalige Wohnung,
schließlich das ganze Haus zum Literaturmuseum umgestaltet. Mit der grundlegenden Überarbeitung 2003 ist es eines
der außergewöhnlichsten und bizarrsten Literaturmuseen
Deutschlands geworden. Hoffmann, der Schöpfer grotesker
Fantasiewelten, hätte daran sicher seine Freude gehabt. Tritt
der Besucher durch die originale Haustür in den langen Flur,
liegt gleich zur Linken ein großer, gänzlich verdunkelter
Raum. Geht er vorsichtig hinein, erblickt er eingraviert auf
leuchtenden Glasscheiben, wie in einem Spiegelkabinett, eine
Reihe mehrfach gebrochener Porträtzeichnungen Hoffmanns, die sich gegenseitig überlagern. Am Schluss begegnet
ihm schließlich sein eigenes Spiegelbild.

Dieses Entree des Literaturmuseums ist mehr als bloße
Spielerei. Es verweist auf eine zentrale Leistung der Literatur
Hoffmanns. Diese nämlich stieß das Tor auf zur Erkundung
der seelischen Abgründe, der Brüchigkeit des Ichs, das nicht
mit sich identisch, sondern in verschiedene, sich durchaus
widerstreitende Identitäten gespalten ist. Diese moderne Auf-

fassung des Seelenlebens, wie sie durch die Psychoanalyse im 20. Jahrhundert entwickelt wurde und Verbreitung fand, hat E. T. A. Hoffmann schon in der ersten Hälfte des 19. Jahrhunderts literarisch abgesteckt.

Dass Hoffmann als Protagonisten seiner ersten Erzählungen Musikerfiguren schuf, erinnert daran, dass er sich in seiner literarischen Frühzeit als Musikschriftsteller verstand. Das Manuskript der Erzählung „Ritter Gluck" schickte er an die Allgemeine Musikalische Zeitung in Leipzig, in der er bereits eine Reihe Musikkritiken veröffentlicht hatte. Die Geschichte handelt von der geheimnisvollen vermeintlichen Wiederkehr des verstorbenen Komponisten Christoph Willibald Gluck, der mit der Rezeption seiner Werke durch Dirigenten und Musiker unzufrieden ist. Hoffmann verlieh in dieser Geschichte ganz offensichtlich seiner eigenen Kritik an der Aufführungspraxis seiner Zeit Ausdruck. Besondere Wirkung erzielt jedoch auch der unheimliche und doppeldeutige Erzählrahmen: Es bleibt offen, ob der Erzähler in Berlin wirklich einen schaurigen Wiedergänger des Komponisten Gluck oder eine andere, ganz irdische Person trifft. Das Spiel mit unklaren Identitäten, Elementen des Übersinnlichen und Gruseligen wurde zu einem Markenzeichen Hoffmanns.

Liegt der Schwerpunkt dieser Erzählung noch in der Kritik der zeitgenössischen Musikrezeption, so verlagert er sich in Hoffmanns später geschriebenen Geschichten um den imaginären Komponisten Johannes Kreisler, den „Kreisleriana", auf die inneren Nöte des Protagonisten. Johannes Kreisler, der wohl als Alter Ego seines Schöpfers gesehen werden kann, leidet an einem unverständigen Publikum, das oberflächlich unterhalten werden möchte, aber die Tiefe der Musik nicht versteht. Kreisler sieht die Musik als höchste

Kunst an, da sie die Unendlichkeit zum Gegenstand habe, doch diese Grenzenlosigkeit in einem überzeugenden Werk auszudrücken, will ihm nicht gelingen. Hoffmann thematisiert die ungeheure Schwierigkeit, den Anspruch der Kunst wirklich einzulösen und dem Publikum zu vermitteln. Er verweist auf den Graben, der sich zwischen Kunst und Alltagsleben, zwischen Künstler und Bürger auftut. Ein zermürbender Zwiespalt, dem sich auch der Musiker Hoffmann in der Bamberger Bürgergesellschaft ausgesetzt sah.

Auf eine andere, positiver gestimmte Art greift Hoffmann dieses Thema in seinem wohl schönsten Märchen auf: „Der goldne Topf". Es ist Teil einer Sammlung von Erzählungen, zu denen auch die „Kreisleriana" gehören und die der Bamberger Weinhändler und Verleger Carl Friedrich Kunz unter dem Titel „Fantasiestücke" ab 1814 in drei Bänden herausgab. Hoffmann war zu dieser Zeit bereits nach Dresden gezogen, wo er abermals kurzzeitig als Musikdirektor eine Anstellung fand und den „Goldnen Topf" schrieb. Und im zeitgenössischen Dresden spielt auch das Märchen. Dieser konkrete Zeit- und Ortsbezug stellt das Wunderliche des Märchens als eine zweite Wirklichkeit dar, die inmitten der Alltagserscheinungen verborgen ist. Den tieferen Blick für diesen doppelten Boden der Realität verleiht Hoffmann seinem sympathischen Helden, dem im Alltagsleben ziemlich untauglichen Studenten Anselmus. Dieser trifft wundersame Gestalten, die ihm in Sträuchern oder an Haustüren erscheinen. Der geheimnisvolle Gelehrte, bei dem er in Dienst tritt, entpuppt sich als Abgesandter eines uralten Reiches der Fantasie. Anselmus verliebt sich in seine Tochter, die nur in Gestalt einer funkelnden Schlange in Erscheinung tritt. Keinen Einblick in die Welt des Zaubers hat sein väterlicher Freund, der Konrektor Paulmann, in dessen Tochter Anselmus sich ebenfalls, in der

Welt des Alltags, verliebt. Diese kann sich ihrerseits eine Heirat vorstellen – nach dem Studium, wenn Anselmus Hofrat sein wird. Am Ende muss sich Anselmus zwischen beiden Frauen entscheiden. Er entschwindet mit der Zauberertochter in das Reich der Fantasie und lebt dort als Schriftsteller, während die Tochter seines Bürgerfreundes einen soliden Vertreter ihres Standes zum Ehemann bekommt. Fantasie und Poesie erscheinen in diesem Kunstmärchen als der eigentliche, wertvollere Teil des Lebens. Der sensible Mensch schaut hinter den Vorhang der äußeren Erscheinungen und entdeckt neue, ungeahnte Dimensionen. Hoffmann stellt hier nicht nur die Welt des Künstlers und des Bürgers gegenüber, sondern kontrastiert ganz grundsätzlich die Welt des Wunderbaren, Fantastischen, Geheimnisvollen mit der Welt der Begrenzungen, Zwänge und Zweifel. Dabei sind die Verbindungen zwischen diesen beiden Welten die besonderen Momente der hoffmannschen Literatur.

Wenn Hoffmann das Märchen auch erst nach seinem Wegzug aus Bamberg schrieb, besteht doch eine besonders handgreifliche Verbindung mit der alten Reichsstadt. Denn am Anfang der Geschichte gerät Anselmus in Konflikt mit einem alten Marktweib, das Äpfel verkauft und dessen Fluch er die folgenden Wirrnisse verdankt. Das Konterfei der bösen Hexe entnahm Hoffmann einem markant geschmiedeten Knauf an der Pforte des Hauses in der Eisgrube 14, wo sein Freund Kunz wohnte. Dieser Türknauf in Form eines pausbäckigen, verschmitzt dreinblickenden Gesichts ist heute unter dem Namen „Apfelweibla" zu einem Wahrzeichen der Bamberger geworden und wird sogar als Kuchen- und Pralinenmotiv verwendet.

Eine düstere Variante seines Themas der krisenhaften Doppelbödigkeit von Seele und Welt schuf Hoffmann in seinem

Roman „Die Elixiere des Teufels", den er gleich nach Abschluss des „Goldnen Topfs" zu schreiben begann. Anknüpfend an Elemente des Schauerromans lässt er einen aus dem Kloster entlaufenen Mönch, nachdem dieser dort verbotenerweise von versiegelten Teufelselixieren getrunken hat, auf seinen Doppelgänger stoßen. Im weiteren Verlauf wird der ursprünglich fromme Mann in eine Serie schlimmer Verbrechen hineingezogen. Am Ende des Romans stellt sich heraus, dass er zudem letzter Spross eines verwickelten Familiengeflechtes voller sündhafter Beziehungen ist. In der ereignisreichen Handlung des Romans lässt sich eine schwere Identitätskrise des Protagonisten erkennen, die auf unterdrücktes sexuelles Verlangen zurückzuführen ist. Die seelische Krise wird im Doppelgängermotiv literarisch lebendig: Der immer drängendere Gegensatz zwischen den erotischen Fantasien des jungen Mönchs und dem Keuschheitsgebot als Geistlicher führt zur Aufspaltung seiner Persönlichkeit und zum Widerstreit der seelischen Anteile. Der Konflikt seiner beschädigten Seele gefährdet die eigene Person und schließlich seine Mitwelt.

Hoffmanns Zeitgenossen haben den Roman eher als literarisches Leichtgewicht eingestuft, weil sich ihre Aufmerksamkeit auf die äußere Handlung konzentrierte. Der moderne Leser hingegen entdeckt überrascht die psychologische Abgründigkeit, die bei einem Autor des frühen 19. Jahrhunderts nicht unbedingt zu erwarten ist. Sigmund Freud hat Hoffmann denn auch als „unerreichten Meister des Unheimlichen" bezeichnet, und seine Werke haben Künstler der Moderne von Franz Kafka bis zu den Surrealisten beeinflusst. Übrigens gewann auch der Teufelsroman Inspiration aus Hoffmanns Bamberg-Aufenthalt. Die Kulisse für die Klosterszenen entnahm Hoffmann der Atmosphäre des alten Kapuzinerklosters auf dem Michaelsberg.

Zurück zum Museum: Aus dem dunklen Spiegelsaal mit
seinen durchdringenden Doppelgesichtern führt der Weg
über den Flur wieder ins Helle. Im Hof des Hauses haben die
Ausstellungsmacher einen kleinen, dichten Zaubergarten mit
Anspielungen auf Hoffmanns Leben und Werk angelegt.
Pflanzen sprießen und wuchern wild durcheinander, der Besucher fühlt sich an das magische Pflanzenhaus aus dem
„Goldnen Topf" erinnert. Und tatsächlich tauchen im Ge-
strüpp hier und da wunderliche Masken auf. Eine kleine
Figur lugt mit herausforderndem Blick aus den Büschen hervor. Es ist der übellaunige Gnom aus dem Märchen „Klein
Zaches genannt Zinnober", der unter dem Schutz einer guten
Fee steht und aus Entschädigung oder auch Rache für Zu-
rücksetzungen, die er ertragen muss, seiner Mitwelt manch
bösen Streich spielt. Aus dem Pflanzenmeer erhebt sich ebenfalls eine Statue mit Doppelgesicht als Sinnbild der hoffmannschen Poetik. Das Mosaik eines Weinpokals im Boden
erinnert daran, dass sich Hoffmann der anregenden Wirkung des Alkohols nur zu gerne aussetzte. Der Dichter war
schon in Bamberg als ausdauernder Zecher bekannt. Nicht
immer konnte er die Rechnungen zahlen, aber seine Qualitä-
ten als redefreudiger Alleinunterhalter ließen manchen Wirt
darüber hinwegsehen. Der Weg durch die Pflanzenwelt mündet an einem kleinen Teich, an dessen Rand eine Undine-
Figur steht. Das mythische Wasserwesen ist die Hauptfigur
von Hoffmanns letzter großer Komposition, einer Oper, die
er noch in Bamberg konzipierte und 1814 in Dresden abschloss. So viel beziehungsreiche Fantasie bei der Ausgestaltung eines Museums ist selten. Im Haus befinden sich allerdings auch kaum originale Gegenstände der Familie
Hoffmann, die dort nur vier Jahre wohnte und vieles verkauft
hat. Dieser Mangel wird durch eine anregende Darstellung

von Hoffmanns Wirken ausgeglichen. Dazu gehören Nachbildungen der Theaterbauten von Hoffmanns Undine-Oper,
die Karl Friedrich Schinkel entworfen hat. In einem Musik-
zimmer kann der Besucher Auszüge aus Hoffmanns Kompositionen hören. Passagen aus seiner Opernpartitur „Aurora",
die in Bamberg entstand, sind an die Wand projiziert. In der
Mansarde schließlich ist eine Zimmereinrichtung zu sehen,
die der hoffmannschen entspricht, und der Besucher mag
sich vorstellen: So oder ähnlich hat Hoffmann an seinem
Schreibpult gesessen, wenn er komponierte oder schrieb.

Auch die Information kommt im Museum nicht zu kurz.
Das erste Geschoss ist dem Lebensweg Hoffmanns bis zu seiner Bamberger Zeit gewidmet. Große Schautafeln geben über
sein Wirken Auskunft. Im zweiten Stock erfährt der Besucher, wie es nach der Abreise aus Bamberg mit Hoffmann
weiterging. Nach seiner kurzen Zeit in Dresden und Leipzig
wurde er in Berlin nach dem Ende der napoleonischen Ära
wieder in den Staatsdienst aufgenommen. Zwar bekam er zunächst kein Gehalt, konnte dieses Defizit aber bald durch die
Einnahmen aus seinen literarischen Veröffentlichungen aus-
gleichen. Denn Hoffmann war inzwischen ein bekannter und
begehrter Autor spannender Erzählungen geworden. Auf die
„Fantasiestücke" waren die „Nachtstücke" (1816) und die „Se-
rapionsbrüder" (1819/21) gefolgt. Überdies wurde die Berliner Aufführung seiner „Undine", für die der bekannte
Schriftsteller Friedrich de la Motte Fouqué das Libretto geschrieben hatte, ein voller Erfolg. Schließlich bezog Hoffmann auch als Jurist Gehalt, stieg zum Kammergerichtsrat
und später in den Oberappellationsrat des Kammergerichts
auf. Von dieser Tätigkeit während der politischen Restauration ist vor allem sein mutiges Eintreten für die Einhaltung
des Rechts in Erinnerung geblieben, als Angehörige der Frei-

heits- und Nationalbewegung aus politischen Gründen bestraft werden sollten. Als Mitglied einer Untersuchungskommission verteidigte er erfolgreich den national gesinnten „Turnvater" Jahn, da diesem rechtlich keine Straftat vorzuwerfen war. Die Hoffnung, sein Leben gänzlich der Kunst zu widmen, hatte Hoffmann jedoch trotz seiner Erfolge auf publizistischem Gebiet aufgeben müssen. Der Zwiespalt zwischen Künstlertum und Brotberuf blieb ihm erhalten.

Tritt der Besucher aus dem Museum wieder auf die Straße und wendet sich dem gegenüberliegenden Theater zu, kann er auf dem E. T. A.-Hoffmann-Platz eine moderne Bronzestatue des Künstlers in Augenschein nehmen: Hoffmann im langen Bratenrock, mit Zylinder auf dem Kopf und dem Kater Murr auf der Schulter, dem wohl berühmtesten Kater der Literaturgeschichte. Ihm hat der Autor ein eigenes Buch gewidmet, einen humorvollen Roman, wie er ungewöhnlicher und für Hoffmann kaum typischer sein könnte: die „Lebensansichten des Katers Murr". Er enthält zwei unabhängige Geschichten, die dem fiktiven Herausgebervorwort zufolge durch das Ungeschick des Verlages irrtümlich durcheinander gedruckt worden sind. Die erste Geschichte entpuppt sich als selbstgefällige Autobiografie des bildungsbeflissenen Katers Murr, der die Sprache der Menschen versteht, lesen und schreiben kann und aus seiner tierischen Sicht die Welt ungewollt karikiert. In der zweiten Geschichte erfährt der Leser bruchstückhaft von den Erlebnissen eines alten Bekannten, dem unglücklichen Komponisten Johannes Kreisler, der den Kater Murr von einem Freund zur vorübergehenden Pflege bekommen hat. Mit der hintergründigen Ironisierung bürgerlicher Selbstsicherheit, der Kritik an den politischen und gesellschaftlichen Zuständen und der Klage über die Einsamkeit des Künstlers gestaltet E. T. A. Hoffmann ein letztes Mal wichtige Themen seines Lebens. Der große Roman erschien 1819 und 1821 in zwei Teilen. Der geplante dritte Teil blieb ungeschrieben. 1822 starb Hoffmann in Berlin, wo er auch begraben ist.

Dem Besucher von Bamberg sei noch ein Spaziergang durch den grünen Waldpark am Ufer der Regnitz empfohlen. Denn an diesem romantischen Fluss pflegte auch Hoffmann spazieren zu gehen. Auf seinen Spaziergängen durch den Hain befand sich Hoffmann oftmals in Begleitung des Hundes Pollux. Er gehörte der Wirtin der Theatergaststätte „Zur Rose" am Schillerplatz, in der Hoffmann häufiger Gast war. Der Hund wurde zur Legende. Unter dem Namen „Berganza" (in Anlehnung an die Hundefigur des spanischen Don-Quijote-Dichters Cervantes) taucht er in der Satire „Nachricht von den neuesten Schicksalen des Hundes Berganza" als bitterböser Chronist der Bamberger Gesellschaft auf. Er rechnet mit ihren Honoratioren und ihrer Kunstszene ab – ganz im Sinne seines Herrchens, das die Bamberger Zeit nach eigenen Worten als „Lehr- und Marterjahre" in Erinnerung behielt.

■ **Adressen**

E. T. A.-Hoffmann-Haus
Schillerplatz 26
96047 Bamberg
Öffnungszeiten:
Mai bis Oktober: dienstags bis freitags 15–17 Uhr,
samstags, sonntags und feiertags 10–12 Uhr.
Weitere Informationen: www.etahg.de

Bamberger Dom
Öffnungszeiten:
April bis Oktober: täglich 9.30–18 Uhr,
November bis März: täglich 9.30–17 Uhr.

Diözesanmuseum
Domplatz 5
96049 Bamberg
Öffnungszeiten:
Dienstags bis sonntags 10–17 Uhr.
Weitere Informationen: www.dioezesanmuseum-bamberg.de

Historisches Museum
Domplatz 7
96049 Bamberg
Öffnungszeiten:
Dienstags bis sonntags 9–17 Uhr.
Weitere Informationen: www.bamberg.de/museum

Neue Residenz Bamberg
Domplatz
96049 Bamberg
Öffnungszeiten:
April bis September: täglich 9–18 Uhr,
Oktober bis März: täglich 10–16 Uhr.
Weitere Informationen: www.schloesser-bayern.de

Fränkisches Brauereimuseum
Michelsberg
96049 Bamberg
Öffnungszeiten:
April bis Oktober: mittwochs bis freitags 13–17 Uhr,
samstags, sonntags und feiertags 11–17 Uhr.
Weitere Informationen: www.brauereimuseum.de

Altes Rathaus
Sammlung Ludwig „Glanz des Barock"
Obere Brücke 1
96047 Bamberg
Öffnungszeiten:
Dienstags bis sonntags 9.30–16.30 Uhr.
Weitere Informationen: www.bamberg.de/museum

Bamberger Marionettentheater
Untere Sandstraße 30
96049 Bamberg
Weitere Informationen: www.bamberger-marionettentheater.de

■ **Literatur**

E. T. A. Hoffmann: Sämtliche Werke in sechs Bänden, hrsg.
von Hartmut Steinecke und Wulf Segebrecht. Frankfurt a. M.
1985 ff.
Ders.: Die Elixiere des Teufels. Frankfurt a. M. 1978.
Ders.: Lebensansichten des Katers Murr. Frankfurt a. M. 1976.

Peter Braun: E. T. A. Hoffmann. Dichter, Zeichner, Musiker.
Düsseldorf und Zürich 2004.
Rüdiger Safranski: E. T. A. Hoffmann – das Leben eines
skeptischen Phantasten. Frankfurt a. M. 2000.
Hartmut Steinecke: E. T. A. Hoffmann. Stuttgart 1997.
Ders.: Die Kunst der Fantasie. E. T. A. Hoffmanns Leben und
Werk, Frankfurt a. M. 2004.
Ders. (Hrsg): E. T. A. Hoffmann. Neue Wege der Forschung.
Darmstadt 2006.

Justinus Kerner
(1786–1862)

Gastgeber in Weinsberg, dem schwäbischen Weimar

Es ist eine der schönsten Episoden der deutschen Geschichte, die sich einer mittelalterlichen Chronik zufolge während eines Krieges ereignet haben soll: die Geschichte der „treuen Weiber" von Weinsberg. Im Jahre 1140 belagerte König Konrad III. mit seinem Heer eine schwäbische Burg. Die Frauen der Burgbesatzung schickten eine Abordnung und baten den Belagerer um Gnade. Dieser ließ sich erweichen und gestattete freien Abzug – aber nur für die Frauen. Sie sollten lediglich das mitnehmen dürfen, was sie auf ihren Rücken zu tragen vermochten. Als die Frauen daraufhin aus der Burg ins Tal zogen, trauten der König und seine Mannen ihren Augen nicht: Die Frauen trugen auf ihren Rücken statt Hab und Gut ihre Männer. Diese entgingen dadurch der Rache der Belagerer.

Die Ruinen dieser Burg, die in Anlehnung an das sagenhafte Ereignis „Weibertreu" genannt wird, finden sich auf der Anhöhe von Weinsberg, einer schwäbischen Stadt nur wenige Autominuten von Heilbronn entfernt. Die Ruinen sind für die Besucher frei zugänglich. Wer durch die Mauer- und Turmreste der mittelalterlichen Burg streift, kann einen weiten Blick auf die umliegenden Weinberge und Täler genießen, bei klarem Wetter bis in den Schwäbischen Wald.

Dass die Burg zumindest als Ruine erhalten blieb, verdankt die Nachwelt einem Dichter, der Mitte des 19. Jahrhunderts als Amtsarzt in Weinsberg residierte: Justinus Kerner. Der glühende Romantiker hatte 1823 einen Frauenverein für den Erhalt der Weibertreu gegründet, der sich 1920 mit dem später gegründeten Justinus-Kerner-Verein zum heutigen Verein zusammenschloss. Dieser betreut nicht nur die Burg, sondern auch das ehemalige Wohnhaus seines Patrons, das nur einen Steinwurf von der Weibertreu entfernt liegt und heute ein Kernermuseum beherbergt.

Kerners Initiative zur Bewahrung der Burg war Ausdruck einer Zeitströmung, welche die bis dahin wenig angesehene deutsche Geschichte neu entdeckte und bewertete. Intellektuelle, Schriftsteller und Künstler bezogen ihre historischen Impulse aus der griechisch-römischen Geschichte und Kultur. Das europäische Mittelalter hingegen galt als dunkle und rückständige Epoche. Diese Einschätzung änderte sich erst mit jener neuen Strömung, der Romantik. Junge Dichter und Künstler begeisterten sich plötzlich für das lang verkannte Mittelalter. Damit beeinflussten sie auch den aufkommenden Stil des Historismus, der manche Adelige dazu brachte, sich Gemäuer in romanischen oder gotischen Formen und sogar ganze Burganlagen zu errichten. Auf diese Weise wollten sie sich in eine als deutsch verstandene Tradition stellen. Doch jeder Aufbruch neigt zur Übertreibung: Statt eines nüchternen Geschichtsbewusstseins pflegten Kerner und seine Romantikerfreunde das schwärmerische Gefühl der Wiedererweckung einer scheinbar besseren, poetischen Welt. Von dieser Verklärung zeugt ein merkwürdiges Phänomen, das dem Besucher der Weibertreu im Rund des alten Pulverturms zuteil wird: Wer hier still verharrt, dem dringen zuweilen zarte Töne wie Stimmen aus der Unterwelt ans Ohr. Der Dichter Nikolaus Lenau, einer der Gäste Kerners auf der Burg, drückte es so aus:

> Leise werd' ich hier umweht
> Von geheimen frohen Schauern
> Gleich als hätt' ein fromm Gebet
> Sich verspätet in den Mauern.

Seine Verse sind in die Steine des Turms eingraviert worden, ebenso wie die Namen vieler anderer Dichter und Denker, die das Hörerlebnis auf Kerners Einladung hin genossen haben. Des Rätsels Lösung: Kerner hatte die Schießscharten des Turms mit Harfen versehen lassen, um damit die Winde, die den Turm umwehen, zum Klingen zu bringen.

Am Fuß der Weibertreu verläuft ein Rad- und Wanderweg, den großformatige Informationstafeln zum Thema Weinanbau säumen. Weinsberg ist Sitz der baden-württembergischen Lehr- und Versuchsanstalt für Wein- und Obstbau, in der Winzer ausgebildet werden. Auf den Tafeln liest der Passant auch vom Kerner-Wein. Die Sorte wurde in den ersten Jahren des 20. Jahrhunderts in der Versuchsanstalt kreiert, als Kreuzung zwischen Trollinger und Riesling. Anders als der Schiller-Wein, der mit dem berühmten Dichter in keiner Verbindung steht, wurde der weiße Kerner tatsächlich nach dem merkwürdigen Dichterarzt benannt.

Denn merkwürdig war er in mehrfacher Hinsicht. Ein Gast seines Hauses fand ihn einst auf dem Boden liegend vor, neben ihm seine Frau Friederike und sein Sohn. Kerner erläuterte dem staunenden Besucher, er erprobe gerade, wie es sein werde, wenn die Familie nebeneinander im Grab liege. Sein tatsächliches Grab befindet sich auf dem Weinsberger Friedhof. Kerner, der acht Jahre nach seiner Frau starb, wollte auf seinen Grabstein die Inschrift setzen lassen: „Friederike Kerner und ihr Justinus." Ein ungewöhnlicher Wunsch für einen Mann seiner Zeit und ein Zeugnis großer Liebe und Hochachtung. Die Ehefrau Friederike war die Stütze des

Haushalts Kerner. Nur durch ihren unermüdlichen Einsatz hinter den Kulissen konnte sich das Medizinerhaus zum „schwäbischen Weimar" entwickeln.

So nannten die prominenten Besucher des damaligen Geistes- und Kunstlebens das Arzthaus gleich an der Landstraße. Denn hier machten alle Station, die Namen, Rang und Intellekt besaßen, Dichter und Denker, Musiker und Maler, Wissenschaftler und Staatsmänner. Ludwig Uhland kehrte hier ein, Gustav Schwab und Emanuel Geibel, Eduard Mörike und Ludwig Tieck, aber auch der Ökonom Friedrich List, der Religionskritiker David Friedrich Strauß und der Graf Alexander von Württemberg. Kerners Sohn Theobald hat später Erinnerungen an die zahlreichen Besucher verfasst. Das liebenswert-biedermeierliche Buch ist heute unter dem Titel „Das Kernerhaus und seine Gäste" im kleinen Shop des Museums erhältlich. Eine zeitgenössische Zeichnung darin veranschaulicht eine wohl typische Szene: Eine Kutsche kommt die Landstraße hoch, hält am Kernerhaus, und der Hausherr empfängt freundlich den Reisenden. Der Ort hat sich nicht sehr verändert. Heute befahren Autos die gut ausgebaute Landstraße, und vor dem Kernerhaus in der scharfen Kurve steht nun ein Denkmal, das an den einstigen Hausherrn erinnert.

Drückt der Besucher die Klingel, ertönt ein kräftiges, altmodisches Läuten. Der Museumsführer empfängt während der Öffnungszeiten persönlich und bietet individuelle Führungen in beliebiger Länge an. Denn zu sehen und zu entdecken gibt es reichlich im Kernerhaus.

Im Erdgeschoss, in dem sich die Praxisräume befanden, sind in Vitrinen die medizinischen Gerätschaften des einstigen Hausherrn ausgestellt. Neben chirurgischem Besteck und allerlei altertümlichen Utensilien fallen seltsame, selbst gebaute Holzkonstruktionen ins Auge, versehen mit Schnüren und kelchartigen Reagenzgläsern. Sie dienten der Aktivierung geheimer Naturkräfte, um die gereizten Nerven seelisch angespannter Patienten zu beruhigen. Kerner war als Seelenarzt bekannt, der sich ausgiebig unsichtbaren und unerklärlichen Phänomenen widmete. Der engagierte Landarzt Kerner, der auch wichtige medizinische Untersuchungen zur Gesundheit der Landbevölkerung durchführte, glaubte fest an die Existenz von Geistern und unsichtbaren Kraftströmen. Ein mehrbändiges Werk zeugt von seiner umfangreichen Beschäftigung mit animalischem Magnetismus und anderen okkulten Vorstellungen. Angesichts der befremdlich-kurios anmutenden Aufzeichnungen und Apparaturen möchte man dennoch glauben, dass die sensible und intensive Beschäftigung mit seelischen Leiden, für die es in der Zeit oftmals keine Heilung gab, den Hilfesuchenden gutgetan hat. Der aufsehenerregendste und eindruckvollste Apparat der Ausstellung ist der mit Gläsern und Strippen versehene „Nervenstimmer", den Kerner nach den fiebrigen Visionen seiner berühmtesten Patientin, der „Seherin von Prevorst", anfertigte. Sie vegetierte in Trancezuständen dahin, wurde als Hellseherin angesehen und verbrachte drei Jahre in Kerners Behandlung, bis sie mit 28 Jahren verstarb. Kerners 1829 veröffentlichte Beschreibung des Falls erregte großes Aufsehen. Ihr Grab, vom dortigen Heimatverein gepflegt, liegt auf dem Friedhof der nahen Ortschaft Löwenstein.

Unheimlich ging es auch auf Kerners eigenem Anwesen zu. Er kaufte einen alten Turm der ehemaligen Stadtbefestigung gleich neben seinem Haus dazu und richtete darin eine Gästewohnung ein. Doch in dem „Geisterturm", wie er genannt wurde, fühlten sich nicht alle Gäste wohl. Das nächtliche Rumoren, das sie zu vernehmen glaubten, mag auf reale Geräusche zurückgegangen sein oder doch eher auf die Erzählungen Kerners, die er den Gästen mit auf den Weg gab. Kerner bewahrte in einer Wandnische des Geisterturms das Skelett eines Hundekopfes auf, der noch heute dort zu besichtigen ist. Auch im gegenüberliegenden „Alexanderhäuschen", das Kerner ebenfalls als Gästehaus nutzte und das angeblich an der Stelle eines einstigen Totenhauses stand, soll es zuweilen gespukt haben. Die meisten Gäste Kerners logierten daher am liebsten im eigentlichen Arzthaus. Sie alle genossen die außergewöhnliche Gastfreundschaft der Familie Kerner.

Die Ausstellung im Haupthaus zeigt sehr viele Originalmöbel. Die Inneneinrichtung wird von der Deutschen Schillergesellschaft betreut, die in der unweit gelegenen Geburtsstadt Schillers, Marbach am Neckar, das Schiller-Nationalmuseum unterhält. Im Nationalmuseum sind übrigens auch Kerners „Klecksographien" ausgestellt, von Tintenklecksen ausgehende Zeichnungen mit lyrisch-spirituellen Kommentierungen. Kerner war ein leidenschaftlicher Kunstsammler, und in seinem Weinsberger Haus sind eine Reihe altdeutscher Gemälde zu sehen. Weil er sich auch auf Schreinerarbeiten verstand, können ein Schreibtisch und ein dazugehöriger Stuhl besichtigt werden, die er selbst gebaut hat. Erstausgaben seiner zahlreichen Bücher und Handschriften ergänzen die Ausstellung.

Kerner lebte in dem Haus bis zu seinem Tod 1862. Danach übernahm es sein Sohn Theobald. 1907 kaufte es der bereits erwähnte Justinus-Kerner-Verein. Seitdem dient es dem Gedenken an einen Romantiker, der wie kaum ein anderer die vielfältigen Facetten des romantischen Lebensgefühls verkörperte, dessen literarisches Werk allerdings nur wenig Nachruhm erlebt hat.

Dabei hinterließ Kerner durchaus einige herausragende Gedichte, die sich durch farbige Anschaulichkeit auszeichnen und aus denen Warmherzigkeit und Menschenkenntnis spricht. Einige von ihnen wurden sogar durch Robert Schumann, Friedrich Silcher und andere vertont und zählen zum festen Bestand deutschen Liedguts. Lieder wie „Wohlauf noch getrunken ..." oder „Dort unten an der Mühle" haben die Zeiten überdauert. Viele andere seiner Gedichte waren jedoch von Wehmut geprägt und kreisten häufig um den Tod. Eines davon trägt den Titel „Todesnacht"; es lautet:

> Süß ist wohl nach lautem Leben
> Eines langen Schlafes Ruh',
> Würd' der Tod mir diese geben,
> Ging ich gern dem Grabe zu.
>
> Traumlos möcht' ich schlafen stille
> Dann die lange Todesnacht,
> Wie die Pupp' in dunkler Hülle,
> Bis der Schmetterling erwacht.

In diesem Gedicht kommt ein wiederkehrendes Motiv der Romantiker zum Ausdruck: die Todessehnsucht. Eine als leidvoll empfundene Individualität, das Unbehagen an rationalistischer Weltbetrachtung und der entstehenden bürgerlichen Gesellschaft führten viele Romantiker zu einer sehnsuchtsvollen Suche nach einem Zustand der Einheit, des Einklangs, insbesondere mit der Natur. Manche verklärten dabei den Tod als Überwindung der Mühen, Zweifel und Gegensätze des Lebens. Kerner spricht in seinen Gedichten mehrfach – durchaus überraschend, angesichts seiner Geselligkeit – Skepsis und Zweifel an seinen Mitmenschen aus, die jene Todessehnsucht zu beflügeln scheint. Zugleich spricht aus den Versen ein christliches Selbstverständnis, wie die Deutung des Todes am Schluss der zweiten Strophe nahelegt. Das Leben wird als Vorbereitung auf das ewige Leben nach dem Tod angesehen. Eng verbunden mit der Begeisterung der Romantiker für das Mittelalter ist ein Bezug auf das Christentum. Allerdings setzen die beiden letzten Zeilen der ersten Strophe ein gewisses Fragezeichen: Warum spricht das lyrische Ich im Konjunktiv? So ganz sicher, dass der Tod die Erwartung erfüllt, scheint das Ich dieser Zeilen nicht zu sein.

Das Gedicht zeigt in gelungener Weise, wie Kerner romantische Stimmungen erzeugt und mit bestimmten Überlegungen, die ihn beschäftigten, verbindet. Doch wird man einen doppelten Boden und Vieldeutigkeit in seinen Gedichten vergeblich suchen. Anders als bei Novalis oder Joseph von Eichendorff ist die Bedeutung meist an der Oberfläche des Textes ablesbar. Dies hat der Popularität einiger Werke keinen Abbruch getan, aber Kerner gehört sicherlich nicht zur Galerie der ganz großen Literaten.

Von historischem Interesse für den heutigen Leser sind Kerners frühe Lebenserinnerungen „Bilderbuch aus meiner Knabenzeit". Sie vermitteln authentisch das Bild einer Jugend im nahen Ludwigsburg, der Stadt, in der auch Schiller seine Schülerjahre verbrachte. Kerner wurde dort 1786 als Sohn eines Regierungsrates geboren. Sein Geburtshaus steht am Marktplatz und ist heute mit einer Plakette gekennzeichnet. Von den Fenstern im zweiten Stock aus beobachtete der Knabe den Aufmarsch des Militärs, den ganzen Stolz des württembergischen Herzogs Carl Eugen. Wo damals die Soldaten in ihren prächtigen Uniformen paradierten, steht heute ein Denkmal, das an die heimischen Dichter Schiller, Mörike und eben auch Kerner erinnert. Dem Besucher Ludwigsburgs sei darüber hinaus empfohlen, das prachtvolle Schloss der Herzöge zu besichtigen. Es steht mitten in einer riesigen Parkanlage, die nach dem üppigen Geschmack des Barock angelegt ist und deshalb „Blühendes Barock" genannt wird.

Daran schließt sich das Lustschlösschen Solitude an, das ebenfalls einen lang gestreckten Park besitzt, in dem die Besucher von zahmen Rehen und nicht minder zutraulichen Eichhörnchen überrascht werden. Kerners Lebenserinnerungen sind aber durchaus nicht idyllisch. Der Bruder Georg schlägt sich politisch auf die Seite der französischen Revolutionäre, verbringt einige Zeit unter hohen persönlichen Gefahren im Frankreich der Revolutionszeit. Auch in seiner deutschen Heimat sah er sich, vom Zerwürfnis mit dem staatstreuen Vater ganz abgesehen, Verfolgungen ausgesetzt. Der Leser erfährt in den Erinnerungen aus erster Hand von den gewaltigen politischen Umbrüchen der Epoche.

Kerner selber ist den Weg seines Bruders nicht mitgegangen, obwohl er ihn mit Anteilnahme und Sympathie schildert. Er selbst wandert der Autobiografie zufolge zum Studium nach Tübingen. Sein Studienziel ist noch nicht recht fixiert, da fliegt ihm, als er auf einer Bank vor der Stadt ausruht, durch den Wind ein Zettel zu. Es ist ein medizinisches Rezept, ausgestellt von Dr. Uhland, dem Onkel des späteren berühmten Dichters. Damit steht der Berufswunsch fest: Justinus will Arzt werden. Auch diese Begebenheit, die den Schluss der Jugendmemoiren bildet, offenbart ein typisches Element des romantischen Lebensgefühls: das Vertrauen auf den Zufall, hinter dem Schicksalsmächte vermutet werden. Justinus Kerner wurde also Mediziner und therapierte zeitweise den Dichter Friedrich Hölderlin, der in einer Tübinger Turmwohnung in geistiger Umnachtung lebte. Im heutigen Museum des „Hölderlinturms" sind noch Kerners Rezeptschriften zu sehen.

■ **Adressen**

Kerner-Haus
Öhringer Straße 3
74189 Weinsberg
Öffnungszeiten:
Dienstags bis sonntags 14–17 Uhr, am 1. Sonntag im Monat
geschlossen.
Weitere Informationen: www.justinus-kerner-verein.de

Burgruine Weibertreu
Öffnungszeiten:
März bis April: täglich 10–18 Uhr,
Mai bis 15. September: täglich 10–20 Uhr,
16. September bis Oktober: täglich 10–18 Uhr,
November bis Februar: täglich 11–16 Uhr.
Weitere Informationen: www.weinsberg.de

Weibertreu-Museum
Marktplatz 11
74189 Weinsberg
Öffnungszeiten:
Dienstags bis donnerstags und sonntags 14–17 Uhr.
Weitere Informationen: www.weinsberg.de

■ **Literatur**

Justinus Kerner: Ausgewählte Werke, hrsg. von Gunter Grimm.
Stuttgart 1981.
Siehe auch die Internet-Sammlung „Die deutsche Gedichte-
bibliothek" unter: www.gedichte. xbib.de

Andrea Fix: Das Theatrum Mundi des Justinus Kerner. Klebe-
album, Bilderatlas, Collagenwerk (Marbacher Magazin 130,
Deutsche Schillergesellschaft), Marbach 2010 (Ausstellungskatalog).
Armin Gebhardt: Schwäbischer Dichterkreis. Marburg 2004.

Gunter E. Grimm: Justinus Kerner. In: Gunter E. Grimm / Frank Rainer Max (Hrsg.), Deutsche Dichter, Bd. 5, Stuttgart 2005, S. 262–269.

Theobald Kerner: Das Kernerhaus und seine Gäste, hrsg. v. Justinus-Kerner-Verein und Frauenverein Weinsberg. Weinsberg 2005.

Ulrich Ott (Hrsg.) / Friedrich Pfäfflin (Bearbeiter): Justinus Kerner. Dichter und Arzt. 1786–1862, Deutsche Schillergesellschaft, Marbach am Neckar 1990.

(Weitere Literatur im Kernerhaus.)

Friedrich Schiller
(1759–1805)

Das literarische Gedächtnis Deutschlands in Marbach am Neckar

Kein Ort ist im öffentlichen Bewusstsein so eng mit dem Namen Schiller verbunden wie Weimar, das Zentrum der deutschen Klassik. Die Wohnhäuser Schillers und Goethes sind Touristenattraktionen ersten Ranges. Doch mit Schillers Name ist noch ein zweiter Ort assoziiert. Und diese kleine Stadt in Schwaben hat sich langsam zum zentralen Gedächtnisort der neueren deutschen Literatur gemausert: Marbach am Neckar.

In diesem idyllischen, vom Fachwerkbau geprägten Städtchen inmitten steiler Weinberge, etwa 20 S-Bahn-Minuten von Stuttgart entfernt, wurde Schiller 1759 geboren. Das windschiefe Geburtshaus, ebenfalls ein Fachwerkhaus inmitten der City, beherbergt heute eine Gedenkstätte. Im Erdgeschoss bewohnte die Familie Schiller von 1759–1764 ein Zimmer mit Küche, während ihr Vermieter in den oberen Räumen lebte. Im Haus sind neben modernen multimedialen Erläuterungen einige Originalexponate zu finden. Zwar hatte sich im Geburtshaus ursprünglich nichts von der Familie Schiller erhalten, doch die Erben Friedrich Schillers stellten der Geburtsstadt nach und nach Objekte aus dem Weimarer Nachlass zur Verfügung. So begann der Aufbau einer eigenen

Marbacher Sammlung. Zu den Stücken gehören heute beispielsweise Schillers Taufhäubchen und das Spinnrad der Mutter. Letzteres steht in der Kammer, in der Friedrich Schiller zur Welt kam. Hier arbeitete die Mutter, erzog die Kinder und besorgte den Haushalt. Von Schillers Vater, Arzt und Offizier, der sich zeitweise in Marbach niedergelassen hatte, ist ein zeitgenössisches Porträt in Uniform zu sehen. Im oberen Stockwerk geht die Ausstellung auf die Wirkungsgeschichte des Dichters ein.

Gleich neben dem Geburtshaus steht das ehemalige Familienhaus der Mutter, einer geborenen Kodweiß. Damals war es eine Gastwirtschaft, heute ein nobles Restaurant. Als Friedrich Schiller fünf Jahre alt war, zog die Familie wegen eines Stellungswechsels des Vaters bereits aus Marbach in ein Städtchen in der Nähe. Die Marbacher Jahre waren also wohl zu kurz, um nachhaltig in Schillers Gedächtnis zu bleiben. Als Schiller später, bereits ein berühmter Schriftsteller im thüringischen Weimar, eine Reise durchs heimatliche Schwaben unternahm, kam er nur bis ins benachbarte Ludwigsburg, wo er seine Schul- und Studienjahre verbracht hatte. Nach Marbach hingegen, das nur wenige Kilometer entfernt liegt, fuhr er nicht mehr.

Nichtsdestotrotz errichtete der schwäbische Schillerverein, der sich 1895 im Zuge der allgemeinen Schillerverehrung gebildet hatte, dem größten Sohn der Stadt ein Museum: auf einem Bergplateau am Stadtrand, heute „Schillerhöhe" genannt, mit einer sehr schönen Aussicht über das Neckartal. 1903 wurde der prächtige, schlossartige Bau fertig. Zur Einweihung des neuen Schiller-Nationalmuseums reiste der württembergische König Friedrich Wilhelm an. Und als das beeindruckende Bauwerk 2009 nach einer dreijährigen Grundsanierung wiedereröffnet wurde, wohnten der Feier der damalige Bundespräsident Horst Köhler und der damalige baden-württembergische Ministerpräsident Günther Öttinger bei. Bund und Land sind die wichtigsten Finanziers des Nationalmuseums, wenn es sich auch nach wie vor im Besitz des Vereins befindet, der sich seit 1946 Deutsche Schillergesellschaft nennt.

Das Nationalmuseum bietet eine Fülle originaler Dokumente und Gegenstände aus Schillers Leben und Werk. In einem großen Schaukasten kann sich der Besucher anhand einer vollständigen Garnitur von Schuhen, Strümpfen, Hemd und Hose ein Bild von Schillers Bekleidung machen. An den Wänden eines anderen Raumes hängen dicht beieinander Porträts des Dichters. Marbach verfügt über den größten Teil seines gegenständlichen Nachlasses, während der schriftliche Nachlass Schillers mehrheitlich in Weimar aufbewahrt wird. Dennoch ist auch in Marbach ein eigener Saal den Handschriften gewidmet. Arbeiten des Schülers sind hier zu sehen, darunter ein Kindergedicht in lateinischer Sprache, das erste aus Schillers Hand. Auf noch größeres Interesse dürften die Manuskripte berühmter Werke stoßen. Es lässt sich studieren, wie Schiller im „Wallenstein", seinem großen Drama über den Feldherrn im Dreißigjährigen Krieg, den Text geschrieben, durchgestrichen und geändert hat. Ein weiterer Saal zeigt Hunderte von Briefen, die Schiller einst verfasste. Der Besucher kann sich, genügend Zeit und Muße vorausgesetzt, in diese privaten wie geschäftlichen Korrespondenzen aus verschiedenen Zeiten in Schillers Leben vertiefen. Aber auch wem es nicht so sehr auf Details ankommt, ist beeindruckt von dem Bild der schwungvollen und dennoch immer sauberen Handschrift des Dichters.

Das Nationalmuseum trägt den Namen Schillers, war aber nie ausschließlich seiner Person gewidmet. Schon bei seiner Gründung war vorgesehen, dass auch andere berühmte Schwaben wie Eduard Mörike, Ludwig Uhland, Christoph Martin Wieland und Friedrich Hölderlin Einlass finden. Zeugnisse dieser und anderer Dichter werden aus den Tiefen des Archivs geholt und der Öffentlichkeit in verschiedenen Themenausstellungen präsentiert. So befasst sich ein Saal unter der Überschrift „Energie und Schrift" damit, wie Schriftzeichen zur Verkörperung poetischer „Energie" wurden. Es gehört zu der in der Kulturwelt weithin bewunderten Eigenart der Marbacher Schillerhöhe, ihre Schätze in solchen essayartigen Arrangements zur Geltung zu bringen.

Das gilt auch für das 2004 gleich nebenan errichtete Literaturmuseum der Moderne, kurz und liebevoll „Limo" genannt. In diesem strengen Neubau, der mit rundum laufenden schlichten, eckigen Pfeilern an antike Tempelarchitektur erinnert, präsentiert die Schillergesellschaft deutsche Literatur des 20. und 21. Jahrhunderts. Zuvor hatten diese modernen Autoren im Keller des alten Nationalmuseums ihren Platz gefunden, bis die Räume zu klein wurden. So entschloss sich die Schillergesellschaft zum Bau des „Limo". In einem nackten, verdunkelten Kellerraum stehen beleuchtete Glasvitrinen in vier langen Reihen und präsentieren Buchausgaben, Handschriften, Lebenszeugnisse und Fotos wichtiger Autoren der Moderne und der Gegenwart. Zu sehen sind die sorgfältig nach dem Jugendstil gestalteten Gedichtbücher Stefan Georges, das Schulzeugnis Franz Kafkas, ein familiäres Urlaubsfoto Ernst Jüngers aus Portugal oder der Brief, mit dem der Showmaster Thomas Gottschalk den Großkritiker Marcel Reich-Ranicki in seine TV-Sendung einlud. Zusätzlich lädt das Museum regelmäßig zu Wechselausstellungen ein, die mal alter, mal moderner Literatur gewidmet sind.

Die beiden Museen auf der Schillerhöhe, die auf einmalige

Weise Schriftstücke zum Sprechen bringen, werden vom Deutschen Literaturarchiv bestückt, das gleich neben dem Nationalmuseum in einem schlichten Betongebäude untergebracht ist. Es gehört ebenfalls zur Schillergesellschaft und bildet das wissenschaftlich-archivarische Herzstück. Begonnen hat es als Archiv des Schwäbisches Dichtermuseums, doch inzwischen lagern in den klimatisierten Kellerräumen Nachlässe und Sammlungen berühmter und auch weniger bekannter Schriftsteller aus allen Gebieten deutscher Sprache, vom 18. Jahrhundert bis in die Gegenwart. Zur wissenschaftlichen Erschließung der Bestände reisen Philologen aus der ganzen Welt nach Marbach. Zu ihrer bequemen Unterbringung steht eigens ein „Collegienhaus" zur Verfügung. Einen wahren Schatz bilden die Archive bedeutender Verlage. Dazu zählen das alte Archiv des Cotta-Verlages, der Goethe und Schiller unter Vertrag hatte, wie auch Teile zeitgenössischer Verlage wie S. Fischer und Suhrkamp. Rund 700 000 Bücher aus den Geisteswissenschaften ergänzen die Sammlungen und machen das Marbacher Literaturarchiv zur größten Bibliothek Deutschlands für die Literatur seit dem 18. Jahrhundert – ein literarisches Gedächtnis der Deutschen.

Die unschätzbare Bedeutung, die die kleine Stadt Marbach für die Literaturwissenschaft erlangt hat, wäre ohne die Verbindung zu Friedrich Schiller und seinem enormen literarischen Ansehen im In- und Ausland nicht möglich gewesen. Dieses Ansehen hat viel mit seiner Biografie zu tun. Bereits zu Lebzeiten war er als Verfechter der Ideale von Freiheit und Humanität bekannt. Sein Ruf als Rebell beeindruckte schon die Führer der Französischen Revolution, die ihn zum Ehrenbürger der Französischen Republik machten. Schillers Eintreten für seine Ideale bildete sich während einer schwierigen und leidvollen Kindheit und Jugend in

seiner schwäbischen Heimat. Im benachbarten Ludwigsburg musste der junge Friedrich auf Geheiß des Landesherrn Carl Eugen dessen Carlsschule besuchen: ein militä-
risch geführtes Internat, das als Kaderschmiede späterer
Landesbeamter gedacht war. Zwar genoss Schiller, später
einer der gebildetsten Schriftsteller seiner Zeit, dort eine
gute schulische Ausbildung. Doch der Schüler litt unter dem
äußerst strengen Drill der Anstalt. Selbst seine Eltern durfte
der Jugendliche nur selten sehen. Aus dieser bedrückenden
Erfahrung entstand sein erstes Drama, „Die Räuber", ein
eruptiver Ausbruch des Protestes gegen die bestehende Ordnung. An der Bühne in Mannheim geriet der Erstling zum
Skandalerfolg. Als der Herzog daraufhin Schiller das Verfassen weiterer Stücke untersagte, floh dieser bei Nacht und
Nebel über die Grenze und lebte in den nächsten Jahren an
verschiedenen Orten, zunächst in bitterer Armut und unter
ständiger Bedrohung. Aber es war auch die Erfüllung des
Traumes, freier Schriftsteller zu sein.

Nach einigen Jahren in Dresden und Leipzig kam er
schließlich nach Weimar und Jena, wo sich seine Situation
auch materiell festigte. Doch litt er unter schweren Krankhei-
ten, die schließlich zu seinem Tod im Alter von nur 46 Jahren
führten. So stammen die meisten seiner Werke, denen Schiller sein Nachleben verdankt, aus seinen letzten Lebensjahren.
Dies sind vor allem die großen historischen Theaterstücke,
die heute als die klassischen bezeichnet werden: „Wallenstein" (1799), „Maria Stuart" (1800), „Die Jungfrau von Or-
leans" (1801), „Wilhelm Tell" (1804); hinzu kommt „Die Braut
von Messina" (1803), in der Schiller allerdings keinen historischen Stoff aufgriff. Die geschichtlichen Stücke bestechen
durch Schillers Kunst, einen komplexen politisch-histori-
schen Stoff im Hinblick auf seine geschichtsphilosophischen

Fragen und Ideale von Freiheit und Humanität zu durchdringen. Die Modernität dieser Dramen bis zum heutigen Tag rührt daher, dass er sich des aufgeklärten Menschen annahm, der sich aus der mittelalterlichen Bevormundung von Religion und Mythos befreit hat, aber damit auch eigenverantwortlich und auf sich selber zurückgeworfen ist.

Mit dieser „idealistischen" Durchdringung geht in der Form eine Poetisierung einher. Im sogenannten Blankvers verfasst, ist die Sprache der Stücke rhythmisch und geformt, das Sprechen der Figuren gewinnt einen künstlichen, poetischen Charakter. Es ist Schillers Absicht, das Kunstwerk in einen abstrakten Kunstraum zu erheben. Seine sprachlichen Verdichtungen sind nicht selten zu geflügelten Worten geworden und ein großer Teil deutscher Sprichwörter geht auf sein Konto. Abgesehen davon, dass Schiller den Stoff der „Braut von Messina" nicht aus der Geschichte schöpfte, sondern selbst erfand, experimentierte er darin auch in formaler Hinsicht mit einer engen Anbindung an die antike griechische Tragödie. So tritt ein Chor auf, der allerdings hier die Aufgabe hat, poetische Elemente in das dramatische Geschehen einzubringen. Ob das Stück gelungen ist, war von Anfang an umstritten.

Seine großen und berühmten philosophischen Gedichte der späten Zeit verfolgten ähnliche Ziele wie die genannten Dramen. Seine klassischen Arbeiten hob Schiller bewusst von der Literatur des Sturm und Drangs ab, wie etwa in seiner Kritik an Gottfried August Bürger und nicht zuletzt an seinen eigenen früheren Gedichten. Welcher künstlerische Weg führte den jugendlichen Autor der stürmischen „Räuber" zum klassischen Programm von Veredelung und ästhetischer Erziehung?

In den 80er Jahren erhielt er Unterkunft und Unterstützung bei seinem wohlhabenden Freund Körner in Sachsen. Er wandte sich dem historischen Drama zu und schrieb „Don Carlos". Dann verschlug es ihn nach Weimar, wo das bewunderte Dichtergenie Goethe lebte, wobei die beiden zunächst keinen Zugang zueinanderfanden. Schiller las sich weiter in geschichtliche Themen ein und schrieb eine Abhandlung über den Dreißigjährigen Krieg sowie über den Abfall der Niederlande vom spanischen Reich im 16. Jahrhundert. Aufgrund dieser Werke und Goethes Fürsprache erlangte Schiller eine Professur an der Universität Jena und damit erstmals eine geregelte Anstellung, wenn auch noch kein Gehalt. Doch schließlich erhielt er von mehreren Seiten finanzielle Unterstützung, die ihm trotz angespannter Gesundheit die Arbeit erleichterte. Er begann die Philosophie der Zeit zu studieren und war vor allem von Kant begeistert. Diese Beschäftigung und die 1794 beginnende enge Zusammenarbeit mit Goethe – das „klassische Jahrzehnt" von 1794 bis zu seinem Tod – inspirierten ihn zu eigenen Abhandlungen, in der er die neue Auffassung von Kunst und ihrer Stellung in der Gesellschaft darlegte.

Unter anderem in seiner Schrift „Über die ästhetische Erziehung des Menschen" (1795), die als eine Reihe von Briefen gestaltet war, beschrieb er den Menschen seiner Zeit als zwischen Natur und Vernunft zerrissen. Die unversöhnten Gegensätze führen zu einem Zustand der Not und des Zwangs, persönlich wie in der Gesellschaft. Es kann keine Besserung eintreten, solange die Menschen entweder im Zustand roher Natur verharren, wie die niederen Klassen, oder bloßer Vernunft, wie die Herrschenden, die in dieser Weise kühl ihre Privilegien sichern und die innere Natur des Menschen unterdrücken. Um diese Lage zu überwinden, bedarf es einer Verbesserung des menschlichen Charakters, und das Werkzeug dazu ist die Kunst. In der Kunst werden beide Seiten des Menschen, Sinnlichkeit und Rationalität, akzeptiert und miteinander in Harmonie verbunden. Kunst darf weder den sinnlichen Trieb noch Vernunft- und Formvermögen verabsolutieren, sondern soll sie miteinander versöhnen. In diesem vorweggenommenen Idealzustand, den der Mensch freilich nie ganz erreichen kann, ist der Mensch weder durch seine Triebe noch seine Vernunft allein bestimmt. Nur in diesem ausgeglichenen Zustand ist er frei und kann persönliches Glück erfahren. Und erst unter solchen Bedingungen wird auch ein Staat denkbar, in dem die Menschen gesellschaftlich frei sind und gleiche Rechte genießen. Die Moral ist dem Menschen dann ein sinnliches Bedürfnis statt eine der Natur entgegensetzte Plicht.

Für diese Auffassung war neben der Beschäftigung mit Kant auch die Auseinandersetzung mit der Französischen Revolution maßgeblich. Zunächst begrüßt Schiller, wie viele deutsche Intellektuelle, den politischen Umsturz im Nachbarland. Endlich schien der Bürger seine Rechte und die politische Freiheit zu gewinnen. Doch die Vertreibung der Adelsherrschaft mündete in einem Blutbad. Der Terror der neuen Herrscher widerte den Humanisten an, Schiller brach mit den Revolutionären. Aus der Erfahrung dieser verunglückten politischen Befreiung folgerte er, dass der Mensch zunächst innerlich zur Freiheit befähigt werden müsse, bevor er die Freiheit im staatlichen Leben erfolgreich verwirklichen könne. An dem Ziel einer bürgerlichen Umgestaltung hielt er jedoch fest.

In seinen Theaterstücken suchte er die sittliche Vervollkommnung und den gelungenen Ausgleich im klassischen Helden zu verkörpern. Auch in seiner Dichtung brachte er seine Kunst- und Lebensauffassung immer wieder zum Ausdruck, beispielsweise in einem Sinngedicht, einer seiner vielen Distichen. Es lautet:

> Suchst du das Höchste, das Größte? Die Pflanze kann
> es dich lehren:
> Was sie willenlos ist, sei du es wollend – das ist's!

Die Pflanze verkörpert in diesen Versen die Harmonie, das „Höchste" und „Größte". Die Materie entfaltet sich willenlos aus dem Keim zur Pflanze, in ihrer Schönheit sind Stoff und Form vereint. Zu dieser Einheit kann der Mensch nach Schillers Auffassung nicht zurück. Aber er kann mit freiem Willen und Vernunft, sozusagen auf einer höheren Stufe, dennoch jener harmonischen Verbindung nachstreben.

Im Ideal der Harmonisierung von Gegensätzen trifft sich Schiller mit den Vorstellungen Goethes, der eine ähnliche persönliche und künstlerische Entwicklung genommen hatte. Auch seiner Überzeugung nach sollte nun die Betonung von Gegensätzen und Übertreibungen zu einem ausgeglichenen, abgerundeten Ganzen geformt werden. Davon zeugen etwa seine Umarbeitungen der Dramen „Iphigenie auf Tauris" und „Torquato Tasso", die zunehmend poetisiert wurden und die charakterliche Veredelung des Menschen ins Zentrum rücken. Schiller hat über ihre unterschiedlichen Wege zu dieser gemeinsamen Kunstauffassung nachgedacht. In seiner einflussreichen Schrift, „Von naiver und sentimentalischer Dichtung"(1795/96), unterschied er Dichter, die aus der Anschauung heraus schreiben, naiv-natürlich wie in der Antike, und Dichter, die aus der Reflexion schreiben, das Natürliche suchend, modern. Nach diesen ästhetischen Begrifflichkeiten war Goethe eher ein Künstler im ersten Sinne, ein „naiver" Künstler, der auf dem Weg der Anschauung von Natur und antiker Kunst, besonders auf seiner zweijährigen Italienreise, zum Ideal der Harmonie gestoßen war. Schiller selbst war dementsprechend eher ein „sentimentaler" Dichter, der sich diesen Weg durch intellektuelle Reflexion erkämpft hatte. Marbach am Neckar steht am Beginn dieses beeindruckenden und einzigartigen Lebenswegs.

▧ Adressen

Schillers Geburtshaus
Niklastorstraße 31
71672 Marbach
Öffnungszeiten:
Täglich 9–17 Uhr.

Schiller-Nationalmuseum
und Literaturmuseum der Moderne
Schillerhöhe 8–10
71672 Marbach
Öffnungszeiten:
Dienstags bis sonntags und feiertags 10–18 Uhr.
Weitere Informationen: www.dla-marbach.de

▧ Literatur

Friedrich Schiller: Sämtliche Werke in fünf Bänden, hrsg. von Peter-André Alt, Albert Meier, Wolfgang Riedel, Irmgard Müller, Jörg Robert. München 2004.
Schiller–Goethe Briefwechsel, hrsg. von Emil Staiger, revidierte Neuausgabe von Hans-Georg Dewitz. Frankfurt a. M. 2005.

Peter André Alt: Schiller. Leben, Werk, Zeit. Eine Biographie. München 2000.
Monika Carbe: Schiller. Vom Wandel eines Dichterbildes. Darmstadt 2005.
Sigrid Damm: Friedrich Schiller. Eine Wanderung. Biografie. Frankfurt a. M. 2009.

Norbert Oellers: Friedrich Schiller. Frankfurt und Leipzig 1996.
Marcel Reich-Ranicki: Mein Schiller. Frankfurt a. M. 2009.
Rüdiger Safranski: Schiller oder die Erfindung des Deutschen Idealismus. München und Wien 2004.
Ders.: Goethe und Schiller. Geschichte einer Freundschaft, München und Wien 2009.

Hermann Hesse
(1877–1962)

Calw im Schwarzwald,
Aufbruch zur Selbstfindung

Mit etwa 100 Millionen verkauften Büchern in rund 60 Sprachen gehört Hermann Hesse zu den erfolgreichsten Schriftstellern deutscher Sprache. Warum war seine Literatur so erfolgreich? Hermann Hesse hat in seinen Romanen und Erzählungen wohl in außerordentlicher Weise einem Bedürfnis des modernen Menschen nach existenzieller Sinnsuche und Selbstfindung entsprochen. Dabei greift seine Literatur diese Fragen besonders mit Blick auf die seelische Entwicklung und konkrete Lebensführung des Einzelnen auf, weshalb sie vor allem junge Leser aller Generationen, von der Jahrhundertwende um 1900 bis zum heutigen Tag, angesprochen hat.

Schon in seinem ersten Roman, „Peter Camenzind" von 1903, lässt er seinen Helden, den begabten Spross eines schweizerischen Durchschnittsbürgers, solche elementaren Sinn- und Seinsfragen stellen. Der junge Peter findet in selbstständiger intellektueller Auseinandersetzung und einer zivilisationskritischen Rückkehr zur Natur eine eigene Antwort. Angelehnt an Vorstellungswelten der Neoromantik und der zeitgenössischen Jugendbewegung werden in Hesses Roman die schweizerischen Berge, Täler und Flüsse und die freundlichen Landschaften Italiens zum Spiegel seelischer Selbstreflexion. Im Unterschied zur Naturverbundenheit der bündischen Jugend kennzeichnet Hesses Figur jedoch eine Kompromisslosigkeit bei der Persönlichkeitsfindung, die wenig gemeinschaftstauglich war. Hesses Erstling wurde ein großer kommerzieller Erfolg, der dem bisherigen Buchhändlerlehrling ein Leben als freier Schriftsteller ermöglichte – ein Leben, das er sich schon früh und gegen manche Widerstände gewünscht hatte.

In diesem Roman verarbeitete der junge Hesse viele seiner eigenen Erfahrungen. Wie der Romanheld, so galt Hermann Hesse ebenfalls als schwieriger Jugendlicher, der sich nach Schulabbruch und schweren psychischen Krisen einen individuellen Weg zum Künstlerberuf erkämpfte. Und auch die Beschreibung der Naturerlebnisse schöpfte er aus frühen Erinnerungen: Mit seinen Eltern lebte der aus dem Schwarzwald stammende Hesse als Kind fünf Jahre in Basel und schloss die Schönheiten der schweizerischen Landschaften ein Leben lang ins Herz. Darüber hinaus unternahm er als junger Mann Wanderungen durch Italien, wobei er Wert auf einfachste Lebensweise legte und auf den Spuren des bewunderten Franz von Assisi wandelte. Dieser diente auch im Roman als Vorbild einer wertorientierten Lebensführung.

In seinem zweiten Roman, „Unterm Rad" von 1906, befasste sich Hermann Hesse ebenfalls mit Erinnerungen seiner Kinder- und Schülerjahre, die er – unterbrochen vom Aufenthalt in der Schweiz sowie auswärtigen Schulbesuchen und Kuren – in seiner Geburtsstadt Calw verbrachte, einem Ort im nördlichen Schwarzwald, zwischen Pforzheim und Stuttgart. Am Marktplatz mit seinen zwei großen Brunnen steht das hübsche Fachwerkhaus noch heute, in dem Hermann Hesse 1877 geboren wurde. Eine Tafel an der Fassade erinnert an den berühmten Schriftsteller. Nur wenige Straßen weiter, ein wenig den Hang zum Waldrand hinauf, befindet sich das Gebäude, in dem zu Hesses Zeit die Lateinschule untergebracht war, heute die Volkshochschule. Vom Geburtshaus nur wenige Minuten entfernt liegt die mittelalterliche Nikolausbrücke über die Nagold. Sie war einst Hermann Hesses Lieblingsplatz zum Spielen und zum Angeln. Auf der Brücke steht das älteste Gebäude der Stadt, die Nikolauskapelle. Ihre Fassade zeigt zwei Steinfiguren, einen Flößer und einen Tuchmacher, noch zu Hesses Zeiten wichtige Berufe in Calw. Im Roman „Unterm Rad" ist die kleine Stadt, die vom Erzähler „Schwarzwaldnest" genannt wird, genau beschrieben. In einer Rückschau des Protagonisten, des Knaben Hans Giebenrath, heißt es:

> Die großen Kirchberglinden glänzten matt im heißen Sonnenlicht des Spätnachmittags, auf dem Marktplatz plätscherten und blinkten beide große Brunnen, über die unregelmäßige Linie der Dächerflucht schauten die nahen, blauschwarzen Tannenberge herein. Dem Buben war so, als hätte er das alles schon eine lange Zeit nicht mehr gesehen, und es kam ihm alles ungewöhnlich schön und verlockend vor. Zwar hatte er Kopfweh, aber heute brauchte er ja nichts mehr zu lernen.
> Langsam schlenderte er über den Marktplatz, am alten Rathaus vorüber, durch die Marktgasse und an der Messerschmiede vorbei zur alten Brücke. Dort bummelte er eine Weile auf und ab und setzte sich schließlich auf die breite Brüstung. Wochen- und monatelang war er Tag für Tag seine vier Mal hier vorbeigegangen und hatte keinen Blick für die kleine gotische Brückenkapelle gehabt. [...]
> Nun fiel ihm wieder ein, wie viel halbe und ganze Tage er hier verbracht, wie oft er hier geschwommen und getaucht und gerudert und geangelt hatte. Ach, das Angeln! Das hatte er nun auch fast verlernt und vergessen, und im vergangenen Jahr hatte er so bitterlich geheult, als es ihm verboten worden war, der Examensarbeit wegen. Das Angeln! Das war doch das Schönste in all den langen Schuljahren gewesen.

In dieser Beschreibung sind nicht nur die prägnanten Orte Calws wie Brücke, Kapelle, Fluss, Markt und bewaldete Berge klar erkennbar. Auch die Lebenssituation des Schülers Hermann Hesse spiegelt sich darin. Den Platz an der Brücke und die Angelleidenschaft teilte Hesse mit seinem literarischen Geschöpf Hans Giebenrath ebenso wie das Lernen für das sogenannte Landexamen, mit dem es Kindern weniger begüterter Familien in den Landkreisen ermöglicht wurde, auf Kosten des Staates die Theologenlaufbahn einzuschlagen. Der kleine Hans schafft die Prüfung als Zweitbester. Hermann Hesse selbst schnitt wesentlich schlechter ab, bestand das Examen aber auch. Im Roman werden die ständigen Kopfschmerzen, an denen auch Hermann Hesse wohl wegen eines Augenleidens litt, der intellektuellen Überforderung durch Eltern und Lehrer zugeschrieben. Eine deutliche Kritik Hermann Hesses an einem Bildungsanspruch, der weniger den Bedürfnissen der Kinder als dem Ehrgeiz der Erwachsenen gilt. Der junge Hermann Hesse besuchte nach dem Landexamen das theologische Seminar in Maulbronn, doch riss er von dort aus und brach die Klosterschule ab. Er durchlebte eine lange Krise, die ihn an Selbstmord denken ließ, und brach schließlich mit Kirche und Elternhaus. Die Romane „Peter Camenzind" und „Unterm Rad" standen am Ende dieser schweren und akuten Krise. Überforderungen und Enttäuschungen schlagen sich literarisch im Missmut des kleinen Hans nieder, dessen kindliche Lebensfreude in Lebenslast umschlägt und der am Ende des Romans scheitert.

Das Calw seiner Kindheit spielt aber nicht nur in diesem Roman eine Rolle. In vielen der Erzählungen Hesses taucht es im Hintergrund auf. Nach seinen eigenen Angaben spuken die Eindrücke, die er in den Gassen des Schwarzwaldstädtchens sammelte, in den meisten seiner Werke. Daher ist Calw auch ein sehr guter Ort für das große Hermann-Hesse-Museum, das seit 1991 in einem mächtigen Patrizierhaus, gleich am Marktplatz, untergebracht ist. Es stellt Handschriften, Fotografien, Erinnerungsstücke, Buchausgaben und selbst gemalte Bilder Hermann Hesses aus. Seinen Lebensweg vom Elternhaus bis zu seinem Tod 1962 im schweizerischen Montagnola vollzieht es anhand übersichtlicher Erklärungstafeln nach. Eine umfangreiche Ausstellung, für die sich der Besucher Zeit nehmen sollte.

Seine familiäre Herkunft war für Hesses Leben und literarisches Werk besonders prägend. Gleich der erste Raum des Museums ist den Vorfahren des Dichters gewidmet. Vater und Mutter hatten sich durch Zufall in Calw kennengelernt. Die Mutter war die Tochter eines christlichen Missionars in Indien. Dieser übernahm schließlich die Leitung eines Missionsverlages mit Sitz in Calw. Hesses Vater stammte aus Estland, wurde in Basel zum Missionar ausgebildet und nach vierjährigem Dienst in Indien ebenfalls nach Calw versetzt, als rechte Hand seines künftigen Schwiegervaters. Die Eltern Hermann Hesses waren also in der Schwarzwaldstadt nicht verwurzelt und auch Hermann Hesse hat Calw frühzeitig verlassen. Seit 1904 lebte er am Bodensee, ab 1912 kontinuierlich in der Schweiz. Zwar erinnerte sich Hesse in manchen schriftlichen Zeugnissen wehmütig an seine Geburtsstadt, doch kehrte er nie zurück. Dies lag sicherlich auch an den politischen Verhältnissen. Seine unter dem Eindruck des Ersten Weltkriegs entwickelte pazifistische und humanistische Weltoffenheit, die er in zahlreichen Publikationen und Artikeln äußerte, führte zu massiven nationalistischen Angriffen aus Deutschland. Die mangelnde Akzeptanz der Weimarer Republik, das aufgeheizte politische Klima und schließlich der Nationalsozialismus ließen Hesse an Deutschland zunehmend verzweifeln. Die neutrale Schweiz mit ihrem demokratischen System wurde ihm zur emotionalen Heimat. Schließlich nahm er auch die Schweizer Staatsbürgerschaft an.

Die Verbundenheit von Eltern und Großeltern mit Indien inspirierten Hermann Hesse 1911, bereits verheiratet und dreifacher Vater, zu einer dreimonatigen Indienreise. Exotische Bilder und schriftliche Aufzeichnungen in der Ausstellung dokumentieren Eindrücke dieser Reise. Anders als Missionare wie seine Eltern wollte er vor allem die fremden Religionen und Mentalitäten kennenlernen. Seine berühmte Erzählung „Siddhartha" von 1922 ist ein Produkt dieser Erfahrungen und Geisteshaltung. Darin schlägt der Autor anhand der Lebensgeschichte Buddhas eine geistige Brücke zwischen dem Gedankengut asiatischer und europäischer Philosophie. Die Ausstellung zitiert dazu eine Selbsterklärung Hesses von 1958:

> Diese Erzählung – ist das Bekenntnis eines Mannes von christlicher Herkunft und Erziehung, der schon früh die Kirche verließ und sich um das Verstehen anderer Religionen bemüht hat, besonders indische und chinesische Glaubensformen. Ich suchte das zu ergründen, was allen Konfessionen und allen menschlichen Formen der Frömmigkeit gemeinsam ist, was über allen nationalen Verschiedenheiten steht, was von jeder Rasse und von jedem Einzelnen geglaubt und verehrt werden kann.

Dieser Gedanke knüpft an das Bemühen Gotthold Ephraim Lessings an, der schon im 18. Jahrhundert etwa in seinem Drama „Nathan der Weise" versucht hatte, den gemeinsamen humanen Kern der Religionen herauszukristallisieren. Für seine Gegenwart positionierte sich Hesse mit einer solchen Absicht gegen Nationalismus und Kolonialismus. Zugleich verfolgte er im Spiegel ferner Kulturen sein Grundthema der Selbsterforschung und Selbstfindung weiter.

Viele Impulse zur Beschäftigung mit den Religionen und Ergründung der eigenen Seele scheinen auf sein Elternhaus zurückzugehen. Sein Vater, seine Mutter und seine Großeltern waren tiefgläubige Menschen, die als Missionare die Verbreitung des Glaubens sogar zu ihrem Beruf gemacht hatten. Als Pietisten verbanden sie ihren Glauben mit der tiefgründigen Bestandsaufnahme der eigenen seelischen Befindlichkeit. Wenn sich Hermann Hesse später auch von der Kirche und seinen Eltern entfernte, nicht Priester, sondern Künstler wurde und sich vor allem für die Psychoanalyse öffnete, so wurde sein lebenslanges Interesse an seelischen Zuständen sicherlich auch maßgeblich durch seine Herkunft inspiriert.

Der Einfluss seines Elternhauses trug sicher auch in ganz unmittelbarer Weise zu seiner Lust am Büchermachen bei. Der Großvater mütterlicherseits und Hesses Vater betrieben in Calw erfolgreich den Missionsverlag. Das Gestalten von Büchern gehörte zu Hermann Hesses frühen Erlebnissen. Als Erwachsener tritt er nicht nur als Schriftsteller hervor, sondern auch als fleißiger Herausgeber. Seine Liebe galt klassischen und teils vergessenen Autoren, denen er ein breiteres Publikum zurückerobern wollte. So finden sich unter den rund 70 Bänden, die er herausgegeben hat, der ironische Romancier der Goethezeit, Jean Paul, mit einer gekürzten Fassung seines Kapitalromans „Titan", Märchen von Ludwig Tieck oder auch die Aufzeichnungen des schwäbischen Romantikers Justinus Kerner über Erscheinungen aus der Geisterwelt. Seiner Ausgabe von Tagebuchauszügen und Briefen des jungen romantischen Dichters Novalis (1772–1801) hat Hesse eine eigene Erzählung beigefügt. Sie spielt zu romantischer Zeit in Tübingen, das er durch seine Buchhändlerlehre kannte, und behandelt den drängenden Wunsch jedes bibliophilen Lesers zu erfahren, durch welche Hände ein Buch, in diesem Fall eine Novalis-Ausgabe, gegangen und mit welchen Gefühlen es gelesen worden ist. Über seine Herausgebertätigkeit hinaus hat Hesse auch eine Unzahl kleiner Privatdrucke mit den unterschiedlichsten Texten aus seiner Feder herstellen lassen. Diese schön gestalteten Broschüren mit Titeln wie „Glück" oder „Schreiben und Schriften" nutzte er vielfach zur Beantwortung von Leseranfragen, die sich mit zunehmender Berühmtheit des Autors häuften. Im Calwer Museum füllen diese Hefte ein ganzes Regal.

In einem der letzten Räume stößt der Besucher auf eine knallrote Litfaßsäule, auf der ein Plakat mit der Aufschrift „Magisches Theater" lockt. Ein Holztürchen, beschriftet mit „Anleitung zum Aufbau der Persönlichkeit – Erfolg garantiert", lässt sich öffnen. Schaut der Betrachter hinein, sieht er auf dem Boden eines Guckkastens ein Schachbrett mit lauter Püppchen, die kleine Porträts tragen, während er auf der spiegelnden Rückwand des Kastens in sein eigenes Konterfei blickt. Die Botschaft, dass Persönlichkeitsentfaltung mit Selbsterkenntnis beginnt, bildet den Kern von Hesses eigentümlichen Roman aus den späten 20er Jahren, „Der Steppenwolf". Die Bauten des „Magischen Theaters" sind nach Schilderungen des Romans gestaltet. Der mit Selbstmordgedanken ringende Held, der wie ein einsamer Wolf durch die Großstadt streift, leidet unter der seelischen Spannung zwischen bürgerlicher Anpassung und bindungslosem Literatentum. Trotz Aufbietung aller intellektuellen Kraft kann er den inneren Widerspruch nicht überbrücken. In der surrealen Welt eines „Magischen Theaters" erkennt er, dass er nicht nur unter einer Zweiteilung seiner Persönlichkeit leidet, sondern unter einer Vielzahl unterdrückter und widerstrebender Regungen und Eigenschaften. Erst die Summe dieser Vielstimmigkeit macht seine Persönlichkeit aus. Mit dem Antihelden

Harry Haller schuf Hermann Hesse, beeinflusst von der Psychoanalyse, ein Spiegelbild des modernen Menschen, der von der Anonymität der Großstädte und dem Verlust traditioneller Werte am Beginn des 20. Jahrhunderts geprägt ist. Entsprechend der gebrochenen Persönlichkeit seines Antihelden bricht auch die Form des Romans mit literarischen Regeln. Statt einen durchgängigen Erzähler zu etablieren, schafft der Autor die Illusion unterschiedlicher Textarten aus verschiedenen Quellen und fügt surreale Räume und märchenhafte Begebenheiten ein. Auch dieser Roman wurde ein großer Erfolg, der auch nach dem Zweiten Weltkrieg anhielt. Hesse selbst litt in den späten 10er und 20er Jahren unter Krisen seines literarischen Schaffens und seines Privatlebens, das von zwei Scheidungen, Depressionen, Verlustfällen in der Familie und dem Gefühl des Älterwerdens gezeichnet war. Nicht zufällig verlieh Hesse dem traurigen Helden des Romans die Anfangsbuchstaben seines Namens, sein Alter von knapp 50 und seine Neigung zu Büchern und Träumereien.

Als Vorbild eines Menschen, der die verschiedenen Facetten seiner Persönlichkeit in Harmonie binden und zugleich künstlerisch fruchtbar machen konnte, galt Hesse – wie seinem Geschöpf Harry Haller – Johann Wolfgang Goethe. Dessen klassisch gewordene Poetik forderte die Beruhigung von Gegensätzen und den Ausgleich zwischen individuellen Wünschen und den Erfordernissen der Gemeinschaft. Die Suche nach einer solchen Harmonie beschäftigte Hermann Hesse in seinem Altersroman „Das Glasperlenspiel". Der 1931 begonnene und 1942 abgeschlossene Roman entwirft die Utopie einer säkularen Ordensgemeinschaft, die mittels eines gemeinschaftlichen Spiels, das ein gewählter Spielmeister jeweils neu entwirft, den gesamten geistigen Kosmos aus Wissenschaften und Kunst in Einklang bringt. Grundlage des Spielaufbaus ist eine Art Zeichensystem, in das als elementare Komponenten Mathematik, Musik und Sprache einfließen. Am Ende jedoch erkennt der Spielmeister, Josef Knecht, den künstlichen Charakter dieser Lebensform, tritt von seinem Amt zurück und sucht den Kontakt zum realen Dasein außerhalb von Orden und Spiel. Bei der Konzeption der merkwürdigen Grundidee des Romans mag Hesse an seinen Vater gedacht haben, der ein einfallsreicher Erfinder von Spielen und Verfasser kleiner Spiel- und Rätselbücher war, wie die Ausstellung belegt. Dort ist ein Kasten zu sehen, in dem sich selbst angefertigte Spiele des Vaters befinden. Die Herkunft der Hauptgestalt des Romans, Josef Knecht, siedelt Hesse in einem kleinen Städtchen am Rande eines Waldes an, in dem der Knabe die Lateinschule besucht – wohl wiederum eine Reminiszenz an Hesses Jugend in Calw.

Der Roman ist als Lebensbeschreibung des Spielmeisters Josef Knecht angelegt. Sie beginnt mit der Berufung des begabten Kindes durch den geistigen Eliteorden und endet nach abgeschlossener Spielmeisterlaufbahn und dem Verlassen des Ordens mit Knechts unvermitteltem Tod beim Schwimmen in einem See. Mit dem Thema einer vom Orden gesteuerten Entwicklung der kindlichen Anlagen hin zum obersten Meister der Gemeinschaft scheint sich Hesse an das Vorbild von Goethes Bildungsroman „Wilhelm Meisters Lehrjahre" anzulehnen. Darin knüpft eine geheime Gesellschaft ein unmerkliches Band um den jugendlichen Helden mit der Absicht, seine Entwicklung zu beeinflussen und seine Persönlichkeit für die Gesellschaft fruchtbar werden zu lassen. In der vielfach aufgegriffenen Tradition des Bildungsromans, einem zielgerichteten Entwicklungsroman über Wissensaneignung und Erfahrungen eines Heranwachsenden, erweist sich in der Regel am Ende der angestrebte Ausgleich zwischen Individualität und Integration in die Gemeinschaft als gelungen – oder gescheitert. Im „Glasperlenspiel" bettet Hesse die Entfaltung der Persönlichkeit sehr eng in die Ordensgemeinschaft ein. Dabei scheint das Romanende, der Ausbruch in die reale Welt, jene errungene Harmonie erneut in Frage zu stellen. Andererseits besitzt der Zusammenklang von Bildung, Kunst und Wissenschaft in der fiktiven Ordenswelt den Charakter einer Utopie, die nicht zuletzt als Gegenentwurf zur zeitgenössischen lebensfeindlichen Herrschaft des Nationalsozialismus und zum Krieg überhaupt zu sehen ist. 1946 erhielt Hermann Hesse den Literaturnobelpreis für sein Gesamtwerk.

Das grundlegende Thema von „Steppenwolf" und „Glasperlenspiel", das sich durch das gesamte künstlerische Schaffen Hermann Hesses zieht, wird im Calwer Literaturmuseum in einer zweiten, eher abstrakten Ausstellung fassbar. Sie widmet sich der „Einheit hinter den Gegensätzen" und führt den Besucher, ähnlich wie im „Magischen Theater", durch eine Abfolge von Räumen, die zu Selbsterforschung und Reflexion einladen. Mediale Versuchsanordnungen und Installationen lenken die Gedanken der Besucher auf fundamentale Fragen der Politik, Philosophie und Kunst. Ein durchaus würdiger und gelungener Abschluss des Rundgangs durch Hermann Hesses Lebensgeschichte. Es ist eine sinnlich erfahrbare Vertiefung der Fragen, die ihn sein Leben lang begleitet haben: Wer bin ich und wo ist mein Platz in der Welt.

Die Hermann-Hesse-Stadt Calw hat ihrem berühmten Sohn mehrere Denkmäler gesetzt. Der Platz stadteinwärts hinter der Nikolausbrücke trägt seinen Namen. Mitten auf der Brücke, gleich neben der Kapelle, steht sein lebensgroßes Abbild in Bronze gegossen: eine Hand lässig in der Tasche, in der anderen den Hut haltend, scheint er kurz stehen geblieben zu sein und sich mit freundlichem Blick umzuschauen.

Einer seiner literarischen Lieblingsfiguren, dem Vagabunden Knulp, widmete die örtliche Sparkasse eine ähnliche Statue. Die Häuser, in denen die Familie Hesse einst wohnte, sind durch Plaketten gekennzeichnet.

Neben der Erinnerung an Hermann Hesse bietet Calw seinen Besuchern noch eine Reihe weiterer Sehenswürdigkeiten. Dazu gehören die Stadtkirche mit spätgotischem Chor und der Turm der ehemaligen Stadtbefestigung, genannt der „Lange", der als Gefängnis und Hochwacht diente und heute ein Museum beherbergt. Der touristische Trumpf der Stadt jedoch ist das ehemalige Doppelkloster von Hirsau. In der kleinen Ortschaft, knapp zwei Kilometer vom Calwer Zentrum entfernt und heute Teil der Kreisstadt, stehen die Überreste der großflächigen Klosteranlage, die Mönche ursprünglich im 9. Jahrhundert mit Reliquien des Heiligen Aurelius gegründet hatten. Nach dem zwischenzeitlichen Verfall des Klosters wurde es im 11. Jahrhundert wiederbegründet und schließlich als St. Peter und Paul neu erbaut. Es bildete den Ausgangspunkt einer bedeutenden monastischen Reformbewegung, die über 100 weitere Klöster in Deutschland erfasste. Das Areal, das heute von verschiedenen Einrichtungen genutzt wird, steht Besuchern zur Besichtigung offen. Der Eulenturm wird ins 12. Jahrhundert datiert. Besonders beeindruckend ist ein Rundgang durch die Ruinen des ehemaligen Kreuzganges und die verfallene Kulisse des nach der Reformation und Säkularisierung erbauten Renaissanceschlosses. Die Bauwerke lockten in romantischer Zeit verschiedene Maler und Schriftsteller nach Hirsau. Der Dichter Justinus Kerner, glühender Bewunderer des Mittelalters, ließ sich bei seinem Besuch begeistern, und Ludwig Uhland schrieb 1829 ein Gedicht über die dadurch berühmt gewordene „Ulme von Hirsau", die aus den Trümmern wuchs. Sie musste allerdings

1989 wegen einer Baumkrankheit gefällt werden. Wer sich näher zu den beiden ehemaligen Klöstern Aurelius sowie Peter und Paul mit ihrer langen Geschichte informieren möchte, sollte das Klostermuseum aufsuchen, das sich im ehemaligen Forsthaus neben der fast 1000 Jahre alten St.-Aurelius-Kirche am Ortseingang von Hirsau befindet. Es gewährt auch Einblicke in die Schreib- und Koloriertechniken der mittelalterlichen Buchkunst.

Hermann Hesse hat sich später gern an Hirsau erinnert, vor allem an den Eulenturm und die alte Ulme, die Uhland besungen hat. Die Ehefrau Uhlands stammte ebenfalls aus Calw. In ihrem prächtigen Geburtshaus, dem Palais Vischer an der Bischofstraße, ist heute das städtische Museum untergebracht. Umgeben sind Calw und Hirsau von herrlichen bewaldeten Höhen. Ein schöner Spaziergang dorthin beginnt im verwilderten Calwer Stadtgarten, der von der Altstadt aus steil in die Höhe führt. Von oben genießt der Besucher einen weiten Blick über Stadt und Umgebung, ein Bild wie aus einer dichterischen Beschreibung der Romantik, die im Werk Hermann Hesses stets ein wenig anklingt. Ein ähnliches Panorama bietet auch das Gemälde „Blick auf Calw" von Peter Jakob Schober, das die Stadt dem Dichter zu seinem 80. Geburtstag schenkte. In seinem Haus in Montagnola hatte er es stets vor Augen. Heute hängt es im Hermann-Hesse-Museum.

■ Adressen

Hermann-Hesse-Museum
Marktplatz 30
75365 Calw
Öffnungszeiten:
April bis Oktober: dienstags bis sonntags 11–17 Uhr,
November bis März: dienstags bis donnerstags, samstags und
sonntags 11–16 Uhr, freitags mit Führung nach Anmeldung.
Weitere Informationen: www.calw.de

Klostermuseum Hirsau
Calwer Straße 6
75365 Calw
Öffnungszeiten:
April bis Oktober: dienstags bis freitags 13–16 Uhr, samstags
und sonntags 12–17 Uhr.

Klosteranlage Hirsau
Freigelände
Klosterführungen:
Mai bis Oktober: sonntags 11 Uhr.

■ Literatur

Hermann Hesse: Ausgewählte Werke in sechs Bänden. Frankfurt a. M. 1994.
Ders.: Farbe ist Leben. Eine Auswahl seiner schönsten Aquarelle, vorgestellt von Volker Michels. Frankfurt a. M. 1997.

Birgit Lahann: Hermann Hesse. Dichter für die Jugend der Welt – Ein Lebensbild. Frankfurt a. M. 2002.
Michael Limberg: Hermann Hesse. Leben–Werk–Wirkung. Basisbiografie. Frankfurt a. M. 2005.
Volker Michels (Hrsg.): Hermann Hesse – sein Leben in Bildern und Texten. Frankfurt a. M. 2000.
Joseph Mileck: Hermann Hesse. Dichter–Sucher–Bekenner. Biografie. Frankfurt a. M. 1987.
Sikander Singh: Hermann Hesse. Stuttgart 2006.

Wilhelm Hauff
(1802–1827)

Im Märchenschloss
zu Lichtenstein

Auf einem steilen Felsen der Schwäbischen Alb, hoch über dem Echaztal, unweit Reutlingens, thront das Denkmal des Märchendichters Wilhelm Hauff. Man kann nicht näher treten, denn vor dem Standbild stürzt der dicht bewaldete Abhang in die Tiefe. Der Blick des bronzenen Hauff, der hier weder geboren wurde noch hier gelebt hat, scheint über das riesige Tal mit den Dörfern Honau und Unterhausen zu einer kleinen romantischen Burg zu schweifen, ein Stück in Stein gehauene Literatur. Es ist die Burg Lichtenstein, eine Touristenattraktion ersten Ranges. Täglich ist sie für den Besucherverkehr geöffnet und täglich strömen Ausflügler von nah und fern auf das Bergplateau, an dessen scharfem Abhang sie 1840/41 errichtet wurde. Bauherr war Herzog Wilhelm von Urach, Graf von Württemberg, dessen Nachkommen noch heute den Turm bewohnen. Der Graf wollte gern eine Burg im mittelalterlichen Stil besitzen. Es war die Zeit der Spätromantik, der Verherrlichung des Mittelalters. In vielen Parks und Gärten des Adels entstanden damals burgähnliche Gebäude, zuweilen sogar als künstliche Ruinen angelegt. Die Burg Lichtenstein jedoch hatte einen ganz besonderen Geburtshelfer. Der Graf ließ sie nämlich nach den Beschreibungen eines Romans gestalten: des Romans „Lichtenstein" von Wilhelm Hauff.

Mit diesem Werk begründete Hauff 1826 das Genre des historischen Romans in Deutschland. Vorbild waren die Erzählungen des Schotten Walter Scott. Der junge Theologe Hauff war gerade auf dem Weg, sich als freier Schriftsteller zu etablieren, und suchte nach einem publikumsträchtigen Stoff für einen deutschen Geschichtsroman. In einer Reisebeschreibung des schwäbischen Literaten Gustav Schwab stieß er auf die Geschichte der damals schon seit Jahrhunderten zerstörten Burg Lichtenstein, einschließlich einiger poetischer Beschreibungen des einstmals stolzen Bauwerks. Hauff verarbeitete den Stoff in einer ebenso spannenden wie rührenden Geschichte, die während der – idealisiert dargestellten – historischen Kämpfe des Jahres 1519 um die Macht im damaligen Württemberg spielt. Das Buch über edle Ritter, treue Untertanen und einen leicht verführbaren Landesherren landete beim Lesepublikum einen Volltreffer. Unter den begeisterten Lesern war auch der Graf von Württemberg, der sich schließlich zum Nachbau der Burg, so wie sie im Roman beschrieben ist, entschloss.

Dabei sparte der Graf auch nicht an der prächtigen Ausgestaltung der Innenräume. Sie wurden nach den märchenhaften Mittelaltervorstellungen ausgeschmückt, wie sie im Historismus des 19. Jahrhunderts verbreitet waren. Die Wände zieren die Gemälde stolzer Herrscher, bunte Familienwappen und farbige Zeichnungen. Es gibt eine Kapelle mit beeindruckenden Glasmalereien und einen martialisch ausgestatteten Rittersaal. Die ausgestellten Waffen und Rüstungen stammen teils tatsächlich aus spätmittelalterlichen Beständen, teils sind es Nachbildungen, weil der geschichtsbewusste Hausherr nicht nur eine Burg, sondern auch eine umfassende Ritterausrüstung besitzen wollte. Im Jagdzimmer empfing er seine Gäste zu Trunk und Geselligkeit. Häufiger Gast war auch sein Freund Justinus Kerner, der romantische Dichter, der im schwäbischen Städtchen Weinsberg selber eine Burg vor dem Verfall bewahrt und restauriert hatte: die berühmte Weibertreu.

Hauptfigur des Lichtenstein-Romans ist der junge Ritter Georg von Sturmfeder. Er ist aus dem Fränkischen nach Ulm gekommen, um auf der Seite des württembergischen Bundes gegen den Landesherrn Ulrich von Württemberg zu kämpfen, der sich durch Ungesetzlichkeiten seine Nachbarn zu Feinden gemacht hat. Aber die Liebe zur Tochter eines württembergischen Grafen, dem Grafen von Lichtenstein, lässt ihn die Seiten wechseln. Er wird nun engster Freund des geächteten Grafen Ulrich, der sich, von allen Verbündeten verlassen, in einer Tropfsteinhöhle verstecken muss und nur nachts zur Burg Lichtenstein reitet, um Nahrung und Zuspruch zu erhalten.

Eine Höhle, die als Versteck des Grafen Ulrich gedient haben soll, gibt es wirklich. Sie liegt rund drei Kilometer von der Burg Lichtenstein entfernt und lässt sich als zweites Highlight auf einem Familienausflug erkunden. Die „Nebelhöhle" ist täglich geöffnet und besitzt einen Seitengang, der nach dem flüchtenden Landesherrn benannt ist. Jeden Pfingstmontag wird auf dem Platz vor der Höhle das Nebelhöhlenfest gefeiert. Dieser Brauch geht auf das Jahr 1803 zurück, als der Kurfürst Friedrich die Burg Lichtenstein, damals nur Ruinen neben einem Försterhaus, und die Nebelhöhle aufsuchte. Nach der Veröffentlichung des Hauff-Romans wurde der Schauplatz noch attraktiver, bunte Volksfeste zu Pfingsten waren die Folge. Inzwischen haben sich die Feierlichkeiten, zu denen sich Tausende Besucher einfinden, auf das ganze Pfingstwochenende und zu Kirmes und Bierzeltgemütlichkeit ausgeweitet.

Die Ortschaft Lichtenstein-Honau, die unterhalb der Lichtensteinburg im Tal liegt, hat sich das steinerne Wahrzeichen hoch oben zunutze gemacht und ein kleines Hauffmuseum eingerichtet. Es zeigt einige Dokumente, Originalhandschriften und historische Ausgaben, die vom Deutschen Literaturarchiv in Marbach zur Verfügung gestellt werden. Unter anderem findet sich hier der handschriftliche Vertrag, den der Dichter mit seinem Verleger über Lieferung und Druck des geplanten Romans geschlossen hat, sowie die erste Seite des Manuskriptes. Ein großes zeitgenössisches Gemälde, das in Miniaturen Schlüsselszenen des Romans farbenprächtig vor Augen führt, hat sich das Marbacher Literaturarchiv aber selbst für seine Ausstellungen vorbehalten. Der Rest der Exponate im Hauffmuseum in Honau sind Zeugnisse zum Mythos Burg Lichtenstein. Alte Werbeplakate und Fotos zeugen davon, dass früher in der Ortschaft sogar Freilichtspiele aufgeführt wurden, die die Lichtenstein-Geschichte zum Inhalt hatten. Die kleine Gedenkstätte ist nur am Wochenende und feiertags geöffnet. Als ihr Erkennungszeichen prangt an der Hauswand die Zeichnung des bunten Kostüms eines mittelalterlichen Soldaten, die den Besucher auch schon am Ortseingang auf die touristische Attraktion aufmerksam macht. Als weiteres Besuchsziel sei noch die Quelle der Echaz empfohlen. Sie liegt nur wenige Hundert Meter vom Hauffmuseum entfernt, gleich unterhalb der Burg.

Als Wilhelm Hauffs Lichtenstein-Roman 1826 erschien, war sein Autor schon bekannt, obwohl er erst seit zwei Jahren publizierte. Zunächst veröffentlichte er 1824, noch als Theologiestudent des Tübinger Stiftes, eine Sammlung von Kriegs- und Volksliedern. Sie war offenkundig der berühmten Anthologie „Des Knaben Wunderhorn" der romantischen Dichter Achim von Arnim und Clemens Brentano sowie der noch älteren Liedersammlung Johann Gottfried Herders nachempfunden. Hauff bestückte seine Zusammenstellung unbekümmert mit Liedgut aus dem Militärwesen, Gedichten zeitgenössischer Schriftsteller und eigenen Erzeugnissen. Diese Arbeitsweise sollte Hauff beibehalten: Er orientierte sich an bekannten Vorbildern, offenbar um an deren Erfolg anknüpfen zu können. Zudem besaß er Gespür für die rechten Themen zur rechten Zeit. Allerdings wäre er damit kaum erfolgreich geworden, hätte er nicht auch das große Talent besessen, diese Stoffe in eigener Weise zu verarbeiten und flüssig zu schreiben. In den nächsten Jahren warf er in atemberaubender Folge Texte auf den Markt, die vom Publikum meist sehr gut aufgenommen wurden.

Den Anfang seiner Prosa machte 1825 die Satire „Aus den Memoiren des Satans". Der schaurige Titel knüpft offenbar an E. T. A. Hoffmanns zehn Jahre zuvor veröffentlichten Erfolgsroman „Die Elixiere des Teufels" an. Während Hoffmann aber die Schauerelemente benutzte, um seelische Verwerfungen darzustellen, karikierte Hauff mit seinen Teufelsmemoiren Zu- und Missstände des ihm bekannten zeitgenössischen Lebens. So schreibt sich der Teufel, der Menschengestalt angenommen hat, an der Universität ein und treibt mit Studenten und Professoren entlarvenden Schabernack, der ihre Schwächen und Eitelkeiten bloßlegt. Als Student und aktiver Burschenschaftler fand Wilhelm Hauff in seiner nächsten Umgebung dazu reichlich Material.

Noch im gleichen Jahr erschien Hauffs Liebesroman „Der Mann im Mond". Dieser ist nicht nur dem Vorbild des damaligen Erfolgsschriftstellers mit dem Pseudonym H. Clauren nachempfunden, sondern Hauff besaß die Unverfrorenheit, ihn auch unter diesem Namen zu publizieren. Wütende Einsprüche des Plagiierten und gerichtliche Auseinandersetzun-

gen waren die Folge. Dies machte Hauffs Namen in der literarischen Welt aber mit einem Schlag bekannt. Da der Roman
spannend und süffig geschrieben ist, wurde er vom Publikum
verschlungen. Auch die „Memoiren des Satans" verkauften
sich so gut, dass Hauff eine Fortsetzung schreiben konnte, so-
dass nicht nur sein Stuttgarter Verleger Friedrich Franckh
sehr zufrieden war, sondern Hauff in vielen Zeitungen und
Zeitschriften veröffentlichen konnte. Zuletzt übertrug ihm
der etablierte Verleger Johann Friedrich Cotta, der die Werke
Goethes und Schillers herausgab, sogar die Redaktion des
angesehenen „Morgenblatts für gebildete Stände", in dem
Hauff zuvor schon einige Novellen veröffentlicht hatte.

Diese Werke Hauffs, die damals einen großen Leserkreis
begeisterten, sind heute vergessen. Denn es handelt sich im
Wesentlichen um Unterhaltungsliteratur. Im Gedächtnis geblieben ist Hauff dagegen wegen seiner Kunstmärchen. Sie
gehören auch heute noch zum Kanon der Märchenliteratur.
„Zwerg Nase", „Kalif Storch", „Der kleine Muck" oder auch
„Das kalte Herz" sind ins kulturelle Gedächtnis eingegangen.
Vielen Lesern ist gar nicht bewusst, dass es sich um Werke
eines modernen Autors und nicht um überlieferte Sagen handelt. Hauff stellte seine Märchen, teils mit anderen abenteuerlichen Geschichten angereichert, in drei Almanache zusammen, die er nach und nach herausgab. Darin verknüpft er die
einzelnen Geschichten jeweils geschickt durch eine gemein-
same Rahmenerzählung, die einen fiktiven Anlass beschreibt,
um die einzelnen Märchen zu erzählen. So treffen in der
berühmtesten Rahmenerzählung, in „Das Wirtshaus im
Spessart", einige Reisende zusammen, die sich nachts wegen
eines bevorstehenden Räuberüberfalls mit Geschichten gegenseitig wach halten.

Im Gegensatz zu den Kunstmärchen E. T. A. Hoffmanns,

in denen die Gegenwart auf fantastische Weise verfremdet wird, spielen Hauffs Märchen in fernen Ländern oder Zeiten. Hauff hält dadurch das wundersame oder bedrohliche Geschehen von seinen Lesern fern. Sie können sich umso leichter von den Geschehnissen packen lassen, desto mehr sie von ihrer eigenen Lebenswirklichkeit abweichen. Darin kommen auch die Zeitumstände, in denen Hauff wirkte, zum Ausdruck. Während Hoffmann als Romantiker die eigene Wirklichkeit verändern wollte, schrieb Hauff in der Zeit der Spätromantik und Restauration. Nach dem Sieg über Napoleon begegnete der Adel den Forderungen des national und demokratisch gesinnten Bürgertums mit Unterdrückung, Zensur und Bespitzelung. Dadurch bedingt breitete sich ein Bedürfnis nach Rückzug ins unpolitische Privatleben aus. In dieser Zeit entwickelte sich ein Lebens- und Kunststil der Zurückhaltung heraus, das „Biedermeier". Er kennzeichnet eine Abkehr von der bedrückenden politischen Wirklichkeit, hält aber gerade darin auch den Druck fest, unter dem das Bürgertum litt. So ist es wohl kein Zufall, dass sich in Hauffs orientalischen Märchen oft und gern verwandelt und verkleidet wird, wie der Literaturwissenschaftler Volker Klotz ausführt, dem wir maßgebliche Untersuchungen zum Thema verdanken. Ebenso klingt in manchen der Geschichten Hauffs unterschwellig die Furcht vor dem aufkommenden Kapitalismus durch, der die alte Ordnung und das durch persönliche Beziehungen geprägte Wirtschaftsleben infrage stellt. In der „Geschichte der abgeschlagenen Hand" stürzt der Protagonist ins Unglück, weil ihn Neugier und Geldgier zu fragwürdigem Verhalten verleiten. Eine ähnliche Problematik bestimmt „Das kalte Herz".

Dieses Märchen gehört zu den besten. Es überzeugt durch die atmosphärische Dichte, mit der eine ferne Zeit im abgeschiedenen Schwarzwald geschildert wird. Im Mittelpunkt steht der Köhlersohn Peter Munk. Er ist unzufrieden mit seiner Armut und dem geringen Ansehen, das sein Beruf genießt. Er träumt davon, so reich zu sein wie Ezechiel, Stammgast im Wirtshaus mit stets genügend Geld in der Tasche, und von den Mädchen so umschwärmt wie der „Tanzbodenkönig". Eine sagenumwobene Geistergestalt, der Holländer-Michel, verspricht dem frustrierten Peter die Erfüllung seiner Wünsche, wenn er als Gegenleistung sein Herz gegen einen Stein tauscht. Wie im Teufelspakt des Faust geht Peter auf den Handel ein und gewinnt tatsächlich Ansehen, Geld und Macht, muss jedoch auf jede Freude daran verzichten. Der Stein in seiner Brust lässt keine menschlichen Regungen mehr zu. Bettler, die an seine Pforte klopfen, werden gnadenlos davongejagt, schließlich sogar die eigene Mutter. Seine Unternehmungen führt Peter mit kühl kalkulierender Rücksichtslosigkeit. Wie sich herausstellt, tragen auch der reiche Ezechiel und der Tanzbodenkönig einen Stein des Holländer-Michel in der Brust. So erklärt sich ihr Erfolg. Hauff scheint in diesem Märchen das Unbehagen seiner Zeit an der Entpersonalisierung des Wirtschaftslebens aufzugreifen, in dem menschliche Bindungen durch die vermittelnde Rolle des Geldes überlagert werden.

Dem setzt Hauff in seiner Märchenwelt schlichte Tugendmodelle entgegen, wie sie dem Wertekanon des biedermeierlichen Bürgertums entsprechen. Ihre Wiedereinsetzung ermöglicht im Märchen ein ebenfalls übernatürliches Wesen, das Glasmännlein, diesmal ein menschenfreundlicher Gnom, der versteckt in den Wäldern lebt. Er verrät dem reuigen Peter einen Trick, wie er sein Herz dem Holländer-Michel wieder entreißen kann. Peter entkommt der Umklammerung des Bösen. Er verliert seinen sagenhaften Reichtum, gewinnt dafür aber die Liebe von Ehefrau und Mutter zurück. Vor allem aber findet er sich nun mit dem Los als Köhler ab: Er ist mit seinem kleinen Glück, das er mit seiner Hände Arbeit schafft, zufrieden.

Den letzten seiner insgesamt drei Märchen-Almanache veröffentlichte Wilhelm Hauff 1827, bevor er im selben Jahr überraschend verstarb. Es ist verblüffend, welche Fülle an Texten, zu denen auch eine Anzahl Gedichte gehört, der Autor in nur drei Jahren hervorbrachte. Hauff war der Sohn eines hohen Stuttgarter Beamten, der starb, als Hauff gerade sieben Jahre alt war. Die Witwe zog mit den Kindern, einer Schwester und einem älteren Bruder, nach Tübingen zum Großvater. Dort besuchte Hauff die Lateinschule, bevor er in Blaubeuren die niedere Theologenausbildung durchlief. Für das höhere Theologiestudium wechselte er wieder nach Tübingen. Nach Abschluss des Studiums nahm er eine Hauslehrerstelle in Stuttgart an, eine Position, die für angehende Pfarrer üblich war. Die Stelle ließ ihm so viel Freiraum, dass er die Doktorprüfung ablegen und sich schriftstellerisch betätigen konnte. Eine Bildungsreise, die ihn bis nach Paris führte, ließ ihn weitere Kontakte zu Zeitungen und Verlagen knüpfen. Mit dem Erfolg seiner Schriften seit dem erwähnten Plagiats-Skandal 1825 entschied er sich endgültig für ein Leben als Schriftsteller und Redakteur. 1826 heiratete er seine Verlobte. Die Geburt seiner Tochter erlebte der bereits tödlich erkrankte Vater noch, doch wenige Wochen später starb er an einer Infektionskrankheit, mit noch nicht 25 Jahren. Begraben ist Wilhelm Hauff in Stuttgart.

■ **Adressen**

Wilhelm-Hauff-Museum
Echazstr. 2
72805 Lichtenstein-Honau
Öffnungszeiten:
April bis 15. November: samstags, sonn- und feiertags
14–17 Uhr
und nach Vereinbarung.
Weitere Informationen: www.gemeinde-lichtenstein.de

Schloss Lichtenstein
72805 Lichtenstein
Öffnungszeiten:
November, Februar, März: samstags, sonn- und feiertags
10–16 Uhr,
April bis Oktober: täglich 9–17.30 Uhr.
Weitere Informationen: www.schloss-lichtenstein.de,
www.gemeinde-lichtenstein.de

Nebelhöhle
72805 Lichtenstein
Öffnungszeiten:
März: sonn- und feiertags 9–17 Uhr,
April bis Oktober: täglich 8.30–17.30 Uhr,
November: sonn- und feiertags 9–17 Uhr
Weitere Informationen: www.gemeinde-lichtenstein.de

■ **Literatur**

Wilhelm Hauff: Werke in zwei Bänden, hrsg. von Hermann
Engelhard. Stuttgart 1961/62.
Wilhelm Hauff: Märchen, hrsg. von Bernhard Zeller. Frankfurt
a. M. 1976.

Hermann Engelhard: Wilhelm Hauff – Leben und Werk. In:
Wilhelm Hauff Werke, Bd. 2, S. 919–945.
Ernst Osterkamp, Andrea Polaschegg, Erhard Schütz (Hrsg.):

Wilhelm Hauff oder Die Virtuosität der Einbildungskraft. Göttingen 2005.

Barbara Potthast: Die Ganzheit der Geschichte. Historische Romane im 19. Jahrhundert. Göttingen 2007.

Volker Klotz: Das europäische Kunstmärchen. Stuttgart 1985, S. 208–222.

Friedrich Pfäfflin (Bearbeiter): Wilhelm Hauff und der Lichtenstein. Deutsche Schillergesellschaft Marbach am Neckar 1999 (Ausstellungskatalog).